우리 아이 첫 영단어를 깐깐하게 고르는 이유가 있다!!

씬나는 스쿨 초등 영단어

영어교재연구원 엮음

도서출판 YEGA

씬나게 스쿨 초등 영단어 

1판 1쇄 인쇄 2024년 1월 10일
1판 1쇄 발행 2024년 1월 15일

엮은이 영어교재연구원
펴낸이 윤다시
펴낸곳 도서출판 예가

주 소 서울시 영등포구 영신로 45길 2
전 화 02-2633-5462 팩 스 02-2633-5463
이메일 yegabook@hanmail.net 블로그 https://blog.naver.com/yegabook
등록번호 제 8-216호

ISBN 978-89-7567-652-9 13740

CONTENTS

이제 막 영어를 시작하는 학생을 위해 초등학교 교과 과정에 익혀야 할 1,500자 단어를 선별하였으며 쉽고 재미있게 영어를 학습하도록 만들었습니다. 또한 단어 읽기에 어려움이 있는 초보자를 위해 한글 발음을 같이 수록하였습니다.

• 발음 기호와 악센트

표제 단어의 바로 뒤에 국제 음표 문자를 사용하여 미국식 발음으로 나타냈으며 발음의 악센트는 국제 음표 문자의 위에 (′)로 표시하였습니다.

• 어형의 변화

동사의 경우 불규칙 동사의 변형만을 표제 단어 밑에 과거형, 과거분사형을 표기하였습니다.

• 예문

각 표제 단어의 예문을 모두 생활 회화로 소개하였습니다. 생활 회화의 영어 문장을 먼저 자신의 힘으로 읽어보고 한글 발음 표기로 확인하면서 꾸준히 학습하다 보면 어휘의 실력을 높일 수 있습니다.

fall[1]
[fɔ́:l] 포올 명 가을
Fall is my favorite season.
포올 이즈 마이 페이버릿 시즌
가을은 내가 가장 좋아하는 계절이다.

fall[2]
[fɔ́:l] 포올 동 떨어지다, 넘어지다
The snow is falling.
더 스노우 이즈 폴링
눈이 내리고 있다.

false
[fɔ́:ls] 폴스 형 잘못된, 거짓의
He gave me false information.
히 게이브 미 폴스 인포어메이션
그는 나에게 거짓 정보를 주었다.

familiar
[fəmíljər] 퍼밀르여 형 익숙한, 친밀한
She has a familiar face.
쉬 해즈 어 퍼밀르여 페이스
그녀는 낯익은 얼굴이다.

132

airplane

[έərplèin] 에어플레인 명 비행기(=plane)

He went to England by airplane.

허 웬트 투 잉글런드 바이 에어플레인

그는 비행기로 영국으로 갔다.

airport

[έərplɔ̀:rt] 에어포트 명 공항

I work at the airport.

아이 웍 앳 디 에어포트

나는 공항에서 일한다.

alarm

[əlá:rm] 얼라암 명 놀람, 경보, 자명종

I set the alarm at 6 a.m.

아이 셋 디 얼라암 앳 식스 에이엠

나는 자명종을 아침 여섯 시에 맞추었다.

alike

[əláik] 얼라익 형 부 같은, 비슷한

Susan and Jane are very much alike.

수잔 앤드 제인 아 베리 머치 얼라익

수잔과 제인은 아주 많이 비슷하다.

21

A

- **표제 단어의 순서**

각 단어는 알파벳 ABC 순서로 되어 있으며 본문 오른쪽 면에 ABC를 구분하여 단어를 쉽게 찾을 수 있도록 하였습니다.

- **표제단어의 철자**

이 사전의 철자는 미국식 철자법을 따랐습니다.

- **단어의 품사 표시**

품사는 아래와 같이 표시하였습니다.

명 → 명사, 대 → 대명사, 관 → 관사, 동 → 동사 형 → 형용사, 부 → 부사, 접 → 접속사, 전 → 전치사, 조 → 조동사, 감 → 감탄사

알파벳 다시 익히기

대 문 자

A 에이	B 비-	C 씨-	D 디-	E 이-
F 에프	G 쥐-	H 에이치	I 아이	J 제이
K 케이	L 엘	M 엠	N 엔	O 오
P 피-	Q 큐-	R 알-	S 에스	T 티-
U 유-	V 뷔-	W 더블유-	X 엑스	Y 와이
Z 지-				

소 문 자

a 에이	b 비-	c 씨-	d 디-	e 이-
f 에프	g 쥐-	h 에이치	i 아이	j 제이
k 케이	l 엘	m 엠	n 엔	o 오
p 피-	q 큐-	r 알-	s 에스	t 티-
u 유-	v 뷔-	w 더블유-	x 엑스	y 와이
z 지-				

(1) 한글표기 : 〈발음기호 알람표〉를 참조

(2) 발음 기호

음(소리)에는 자음과 모음이 있고, 자음에는 유성음과 무성음이 있습니다. 자음이란 영어의 b, t, f 우리말의 ㄱ, ㄴ, ㄷ, ㄹ 등과 같은 것들이고 모음은 영어의 a, e, i, o, u 그리고 우리말의 ㅏ, ㅔ, ㅣ 등과 같은 것들입니다. 또 유성음은 발음될 때 공기가 성대를 울리면서 발음되는 소리이고 무성음은 성대를 울리지 않으면서 발음되는 소리입니다. 이외에도 입술이 작게 열리면서 입 안쪽에서 발음되는 폐음과 입이 크게 벌어지면서 입의 앞쪽에서 소리 나는 듯한 기분으로 발음되는 개음이 있습니다.

1) 자음

【I】 [I]의 발음은 '밝은 I'와 '어두운 I' 두 가지가 있습니다. '밝은 I'은 I 다음에 모음이 오는 경우로, 우리말의 [빨래] 처럼 ㄹ이 연속으로 발음되는 것과 비슷한 발음입니다. 혀끝을 잇몸에 대고 공기를 혀 옆으로 내보내면서 발음합니다.
'어두운 I'은 자음이 오거나 [I]이 단어의 끝에 있는 경우입니다. 혀끝이 윗니의 잇몸에 가볍게 닿거나 닿으려는 순간에 발음합니다. 이때는 모음을 길게 발음합니다.

【r】 [I]와 비슷한 발음이지만, 혀끝을 입천장에 대지 않고 목구멍 쪽으로 말아 올리면서 발음합니다. [I]은 혀가 윗니의 잇몸에 닿고, [r]은 혀가 뒤로 말리면서 발음된다는 점이 다릅니다.

【b】 유성음으로서, 입을 다물고 입 안의 공기를 압축시켰다가 터뜨리듯 발음합니다. 이때 발음하면서 성대를 울려야 합니다. 우리발의

[ㅂ]과 비슷합니다.

【v】 아랫입술을 윗니로 살짝 물었다가 터뜨리듯 내보내며 발음합니다. [b]와 같은 유성음이므로 성대를 울려야 합니다. 우리말의 [ㅂ]과 비슷한 발음이지만 윗니로 아랫입술을 물었다가 빼내면서 발음한다는 점이 다릅니다.

【p】 입을 다물고 입 안의 공기를 압축시켰다가 세게 터뜨리듯 발음합니다. [b]와 비슷하지만 [p]는 무성음이므로 성대를 울려서는 안 됩니다. 우리말의 [ㅍ]와 비슷합니다.

【f】 윗니로 아랫입술을 물었다가 세게 내보내며 터뜨리듯 발음합니다. [v]와 비슷한 요령으로 발음하지만 [v] 보다 공기를 세게 내보내야 하고 무성음이므로 성대를 울려서는 안됩니다. 우리말의 [ㅍ]과 [ㅎ]의 중간 정도되는 발음입니다.

【θ】 혀끝을 윗니와 아랫니 사이에 넣고 혀와 윗니 사이로 공기를 내보내면서 발음합니다. 무성음이므로 성대를 울려서는 안되고 우리말의 [ㄷ]와 [ㅅ]의 중간 정도인 발음입니다.

【ð】 혀의 위치와 발음 요령은 [d]와 같지만, 유성음이므로 성대를 울리면서 발음해야 합니다. 또한 우리말로 표기할때에는 [d]와 같은 [ㄷ]이지만 [d]는 혀끝을 윗니에 대었다가 내는 발음이고 [ð]은 혀끝을 윗니와 아랫니 사이에 넣었다가 내는 발음이라는 점이 다릅니다.

【ʃ】 [s]을 발음하면서 동시에 혀의 앞쪽을 조금 올리고 발음합니다. 우리 말의 [쉬]와 비슷합니다. 무성음이므로 성대를 울리면 안 됩니다.

【ʒ】 [ʃ]와 비슷한 방식입니다. [z]를 발음하면서 동시의 혀의 앞쪽을 조금 올리고 발음합니다. 유성음이므로 성대를 울리면서 발음해야 합니다. 우리말의 [쉬]와 [쥐]의 중간 정도의 발음입니다.

【tʃ】 [t]와 [ʃ]를 연속적으로 발음하는 요령으로 발음합니다. [t]를 발음하고 [t]에 이어서, 입천장에서 혀를 떼면서 [ʃ]를 발음합니다. 무성음이므로 성대를 울리면 안됩니다. 우리말의 [ㅊ]에 가깝습니다.

【dʒ】 [ʧ]와 같은 방식으로 발음합니다. 즉 [d]와 [ʒ]를 연속으로 발음 하는 것이지요. [d]를 발음하고 [d]에 이어서 입천장에서 혀를 떼면서 [ʒ]를 발음합니다. [ʧ]와 다른점은 [dʒ]은 유성음이므로 성대를 울리면서 발음해야한다는 점입니다. 우리발의 [ㅈ]와 비슷한 발음입니다.

【ŋ】 혀의 뒷부분을 입천장의 뒤쪽에 대고 공기를 코로 내보내면서 발음합니다. 유성음이며, 우리말의 [ㅇ]과 비슷한 발음입니다.

2) 모음

【iː】 [이] 보다 더 긴 발음으로서, [이]를 발음한 상태에서 입술을 양쪽으로 당겨서 이를 드러내면서 발음합니다. [이]와 비슷한 발음이지만 더 힘을 주고 길게 발음합니다.

【ɔː】 우리말의 [오]와 비슷한 발음이지만, 이보다 입을 크게 벌리고 입술을 둥글게 하여 [아]에 가깝도록 발음합니다.

【uː】 우리말의 [우]와 비슷한 발음이지만, 이보다 입술을 더 내밀고 둥글게 하여, 약간 힘을 주고 길게 발음합니다.

【əːr】 입술과 혀에 힘을 빼고 [어]를 약간 길게 발음하면서, 혀끝을 뒤로 살짝 말아 올려 [r]로 발음합니다.

【ɔːr】 [오] 발음보다 입을 더 크고 둥글게 벌려 [아]에 가까운 소리를 내면서 혀끝을 뒤로 살짝 말아올려 [r]을 발음합니다.

【aːr】 입을 아주 크게 벌리고 [아아]라고 목구멍 속에서 발음하면서 혀를 뒤로 말아 올려 [r]을 발음합니다.

【 ɔi 】 입술을 둥글게 하여 [오]를 발음한 후, 이어서 [이]를 발음합니다. [오]와 [이]가 연결된 채 발음되어야 합니다.

【 iər 】 [i]와 [ər]가 연결된 이중 모음입니다. 먼저 [i]를 강하고 확실하게 발음하고, 이어서 혀를 뒤로 말아 올리면서 [ər]를 약하게 발음합니다.

【 ɛər 】 [에]를 발음하는데, [e]보다 입을 더 크게 벌려 강하게 발음합니다. 이 발음에 이어서 혀를 뒤로 말아 올리면서 [ər]을 발음합니다.

A

a, an

[ə / éi / ən] 어, 언 관 **하나의**

Mommy, give me a cup, please.

마미, 깁미어 컵, 플리-즈

엄마, 컵 좀 주세요.

- **an**
모음으로 시작되는 단어 앞에

ability

[əbíləti] 어빌러티 명 **능력, 재능**

She has great ability as a pianist.

쉬 해즈 그레이트 어빌러티 애즈 어 피애너스트

그녀는 피아니스트로서 대단한 능력을 가지고 있다.

able

[éibl] 에이벌 형 **~할 수 있는**

My father is able to speak French.

마이 파더 이즈 에이벌 투 스-픽 프렌치

아버지는 프랑스어를 하실 줄 안다.

- **be able to +동사원형 :** ~할 수 있다

A

about

[əbáut] 어바우트 전 **~에 관하여**

What are you talking about?

왓 아 유 토-킹 어바웃

너 도대체 무슨 이야기를 하는거니?

above

[əbʌ́v] 어버브 전 **~의 위에**

birds are flying above the lake.

버즈 아 플라잉 어버브 더 레이크

새들이 호수 위를 날고 있다.

absent

[ǽbsənt] 앱선트 형 **결석한**

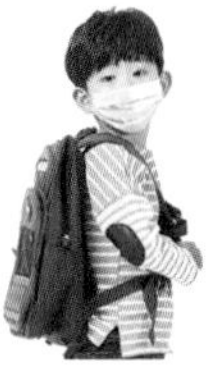

I was absent from school yesterday.

아이 워즈 앱선트 프럼 스쿠울 예스터데이

나는 어제 학교에 결석했다.

accept

[æksépt] 액셉트 동 **받아들이다**

I accepted my friend's apology.

아이 액셉티드 마이 프렌즈 어팔러지

나는 친구의 사과를 받아들였다.

accident

[ǽksidənt]] 액시던트 명 **사고, 재난**

• **by accident**
우연히

I had a little accident last week.
아이 해드 어 리틀 액시던트 라스트 윅
지난주에 작은 사고를 당했다.

across

[əkrɔ́ːs] 어크로-스 전 **~을 가로질러**

Minhee lives across the street.
민희 리브즈 어크로-스 더 스트리트
민희는 길 건너에 산다.

act

[ǽkt] 액트 명 **행동** 동 **행동하다**

Think carefully before you act.
씽크 케어플리 비포어 유 액트
행동하기 전에 잘 생각해라.

active

[ǽktiv] 액티브 형 **적극적인, 활발한**

Tom is very active in English class.
탐 이즈 베리 액티브 인 잉글리쉬 클래스
탐은 영어 시간에 매우 적극적이다.

actor

[ǽktər] 액터 명 **남자배우**

• **actress**
명 여배우

I want to be a famous actor.
아이 원 투 비 어 페이머스 액터
나는 유명한 배우가 되고 싶다.

add

[ǽd] 애드 동 **더하다, 보태다**

If you add 8 and 2, you get 10.
이프 유 애드 에잇 앤드 투 유 겟 텐
8과 2를 더하면 10이 된다.

address

[ədrés] 어드레스 명 **주소** 동 **연설하다**

What 's your home address?
왓츠 유어 홈 어드레스
집주소가 어떻게 되니?

adult

[ədʌ́lt] 어덜트 명 **어른**

Coffee is for adult, not for children.
커피 이즈 포 어덜트, 낫 포 췰드런
커피는 아이들이 아닌 어른들을 위한 것이다.

adventure

[ædvéntʃər] 애드벤쳐 명 **모험, 모험심**

I read The Adventures of Robinson Crusoe.

아이 레드 디 애드벤쳐즈 어브 라빈슨 크루-소

나는 로빈슨 크루소의 모험을 읽었다.

advice

[ædváis] 애드바이스 명 **충고**

Thank you for your advice.

쌩큐 포 유어 어드바이스

충고해줘서 고마워.

afraid

[əfréid] 어프레드 형 **두려워하여, 무서워하여**

She is afraid of darkness very much.

쉬 이즈 어프레드 어브 다크니스 베리 머취

그녀는 어둠을 몹시 두려워한다.

after

[ǽftər] 애프터 전 **~후에, ~뒤에**

How about playing baseball after school?

하우 어바웃 플레잉 베이스보올 애프터 스쿠울

방과 후에 야구하는 것 어때?

afternoon

[ǽftərnúːn] 애프터누운 명 **오후**

He arrived on Sunday afternoon.

히 어라이브드 안 선데이 애프터누운

그는 일요일 오후에 도착했다.

again

[əgén] 어겐 부 **다시, 한 번 더**

See you again.

씨 유 어겐

또 보자!

against

[əgénst] 어겐스트 전 **~에 반대하여**

We are against the war.

위 아 어겐스트 더 워어

우리는 전쟁에 반대한다.

age

[éidʒ] 에이쥐 명 **나이, 시대**

He is just my age.

히 이즈 저스트 마이 에이쥐

그는 나와 동갑이다.

ago

[əgóu] 어고- 부 **~전에**

I met him two months ago.

아이 멧 힘 투 먼쓰 어고

나는 두 달 전에 그를 만났다.

agree

[əgríː] 어그리- 동 **동의하다, 일치하다**

I agree to his proposal.

아이 어그리 투 히즈 프러포우절

나는 그의 제안에 동의한다.

ahead

[əhéd] 어헤드 부 **앞으로, 전방에**

Go straight ahead.

고 스트레이트 어헤드

곧장 앞으로 가세요.

air

[ɛ́ər] 에어 명 **공기, 공중**

If there was no air, we would die.

이프 데어 워즈 노우 에어, 위 우드 다이

만약 공기가 없다면 우리는 죽을 것이다.

- **by air (=by plane)**
  비행기로

airplane

[ɛ́ərplèin] 에어플레인 명 **비행기(=plane)**

He went to England by airplane.

히 웬트 투 잉글런드 바이 에어플레인

그는 비행기로 영국으로 갔다.

airport

[ɛ́ərplɔ̀ːrt] 에어포트 명 **공항**

I work at the airport.

아이 워크 앳 디 에어포트

나는 공항에서 일한다.

alarm

[əláːrm] 얼라암 명 **놀람, 경보, 자명종**

I set the alarm at 6 a.m.

아이 셋 디 얼라암 앳 식스 에이엠

나는 자명종을 아침 여섯 시에 맞추었다.

alike

[əláik] 얼라익 형 부 **같은, 비슷한**

Susan and Jane are very much alike.

수잔 앤드 제인 아 베리 머치 얼라익

수잔과 제인은 아주 많이 비슷하다.

alive

[əláiv] 얼라이브 형 **살아 있는**

I saw an alive alligator!

아이 쏘- 언 얼라이브 앨리게이터

나는 살아 있는 악어를 봤다.

all

[ɔːl] 오올 대 형 부 **모두(의), 전부(의)**

I slept all day on holiday.

아이 슬렙트 올 데이 안 헐리데이

나는 휴일에 하루종일 잠을 잤다.

allow

[əláu] 얼라우 동 **허락하다**

No smoking is allowed here.

노 스모킹 이즈 얼라우드 히어

이곳에서는 담배를 피울 수 없다.

almost

[ɔ́ːlmoust] 올모우스트 부 **거의, 대부분**

It's almost nine o'clock.

잇츠 올모우스트 나인 어클락

거의 아홉시가 다 되어 간다.

alone

[əlóun] 얼로운 형 **홀로, 외로이**

I was alone, but not lonely.

아이 워즈 얼로운 벗 낫 론니

나는 혼자였지만 외롭지는 않았다.

along

[əlɔ́:ŋ] 얼로옹 전 **~을 따라서** 부 **앞으로**

Turn right and go along the main street.

터언 라이트 앤드 고 얼로옹 더 메인 스트릿

오른쪽으로 돌아서 큰길을 따라 가세요.

aloud

[əláud] 얼라우드 부 **큰 소리로**

Don't speak aloud in the classroom!

돈트 스피크 얼라우드 인 더 클래스룸

교실에서 큰소리로 말하지마라!

already

[ɔ:lrédi] 올레디 부 **벌써, 이미**

Have you finished already?

해브 유 피니쉬드 올레디

벌써 끝났어요?

also

[ɔ́:lsou] 올소우 [부] **또한(=too)**

I can write and I can also speak English.

아이 캔 라이트 앤드 아이 캔 올소우 스피크 잉글리쉬

나는 영어를 쓰고 또한 말할 수도 있다.

although

[ɔ:lðóu] 얼도우 [접] **비록 ~일지라도**

Although he is old, he is quite strong.

얼도우 히 이즈 오울드, 히 이즈 콰잇트 스트롱

그는 나이가 많지만, 꽤 힘이 세다.

always

[ɔ́:lweiz] 얼웨이즈 [부] **늘, 언제나**

The earth always moves around the sun.

디 어쓰 올웨이즈 무브즈 어라운드 더 썬

지구는 항상 태양 주위를 돈다.

amazing

[əméiziŋ] 어메이징 [형] **깜짝 놀랄, 놀랄만한**

The amazing news pleased us.

디 어메이징 뉴즈 플리즈드 어스

그 놀라운 소식은 우리를 기쁘게 했다.

America

[əmérikə] 어메리커 명 **미국, 아메리카**

I want to go to America.

아이 원 투 고- 투 어메리카

나는 미국에 가고 싶다.

- **American**

  형 미국(사람)의

among

[əmʌ́ŋ] 어멍 전 **~중에서, ~사이에**

She is sitting among boys.

쉬 이즈 시팅 어멍 보이즈

그녀는 남자아이들 사이에 앉아 있다.

and

[ǽnd] 앤드 접 **그리고, ~와**

I like milk and bread.

아이 라잌 밀크 앤 브렛

나는 빵과 우유를 좋아한다.

angry

[ǽŋgri] 앵그리 형 **성난, 화가 난**

Mr. brown is angry at me.

미스터 브라운 이즈 앵그리 앳 미.

브라운씨는 나에게 화를 냈다.

animal

[ǽnəməl] 애너멀 명 **동물**

dog [dɔ́:g] 도그 **개**

cat [kǽt] 캣 **고양이**

pig [píg] 피그 **돼지**

elephant [éləfənt] 엘러펀트 **코끼리**

giraffe [dʒərǽf] 저래프 **기린**

deer [díər] 디어 **사슴**

A

lion [láiən] 라이언 **사자**

camel [kǽməl] 캐멀 **낙타**

tiger [táigər] 타이거 **호랑이**

goat [góut] 고우트 **염소**

bear [bέər] 베어 **곰**

zebra [zí:brə] 지브러 **얼룩말**

puppy [pʌ́pi] 퍼피 **강아지**

duck [dʌ́k] 덕 **오리**

another

[ənʌ́ðər] 어너덜 형 **다른, 또 하나의**

Can you show me another hat, please!

캔유 쇼 미 어너덜 햇 플리-즈

다른 모자를 보여 주세요!

answer

[ǽnsər] 앤써 동 **대답하다** 명 **대답**

You must give me an answer right now!

유 머스트 기브 미 안 앤써 라잇 나우

지금 당장 대답을 해줘야 한다!

ant

[ǽnt] 앤트 명 **개미**

The ant is famous for hard work.

디 앤트 이즈 페이머스 포 하드 워크

개미는 열심히 일하는 것으로 잘 알려져 있다.

any

[éni] 에니 형 **무엇, 어떤, (부정문에서) 조금도** 대 **아무것도**

I don't want to eat any more.

아이 돈트 원 투 잇 에니 모어

나는 더 이상 먹고 싶지 않다.

- **anybody** [énibàdi] 에니바디 [대] **누구든지, 아무도**
- **anything** [éniθìŋ] 에니씽 [대] **무엇이든지**
- **anytime** [énitàim] 에니타임 [부] **언제든지**
- **anywhere** [énihwɛ̀ər] 에니웨어 [부] **어딘가에**

apartment(APT)

[əpá:rtmənt] 어파–트먼트 [명] **아파트**

Mr. Kim lives in that apartment.

미스터 킴 리브즈 인 댓 어파-트먼트

김씨는 저 아파트에 산다.

appear

[əpíər] 어피어 [동] **나타나다**

He didn't appear at the class meeting.

히 디든트 어피어 앳 더 클래스 미팅

그는 학급 모임에 나타나지 않았다.

apply

[əplái] 어플라이 [동] **적용하다, 신청하다**

Please apply for an application.

플리즈 어플라이 포어 안 에프러케이션

지원서를 신청해 주세요.

area

[έəriə] 에어리어 명 **지역, 구역**

Children cannot go into this area.

칠드런 캔낫 고 인투 디스 에어리어

어린이는 이 지역에 들어갈 수 없다.

army

[á:rmi] 아미 명 **육군, 군**

Korean men must go to the army.

코리언 맨 머스트 고 투 디 아미

대한민국 남자는 반드시 군대를 가야 한다.

around

[əráund] 어라운드 전 부 **주변에, 둘레에**

Let's go around downtown.

렛츠 고 어라운드 다운타운

시내를 한 바퀴 둘러보자.

arrange

[əréindʒ] 어레인지 동 **배열하다, 준비하다**

We arranged a meeting with another company.

위 어레인지드 어 미팅 위드 어너더 컴퍼니

우리는 다른 회사와 미팅을 주선했다.

arrive

[əráiv] 어라이브 동 **도착하다**

The plane arrived on time.

더 플레인 어라이브드 안 타임

그 비행기는 정시에 도착했다.

art

[á:rt] 아–트 명 **미술, 예술**

My hobby is looking at art in the museum.

마이 하비 이즈 룩킹 앳 아트 인 더 뮤지엄

내 취미는 박물관에서 미술을 보는 것이다.

as

[ǽz] 애즈 부 **~만큼** 전 **~로서** 접 **~하고 있을때**

My daughter is as tall as I am.

마이 도터 이즈 애즈 토올 애즈 아이 앰

내 딸은 나만큼 키가 크다.

ashamed

[əʃéimd] 어셰임드 형 **부끄러운**

He is not ashamed of ignorance.

히 이즈 낫 어셰임드 어브 이그너런스

그는 무지를 부끄러워하지 않는다.

Asia

[éiʒə] 에이저 명 아시아

Korea belongs to Asia.

코리아 빌롱스 투 에이저

한국은 아시아에 속해 있다.

ask

[ǽsk] 애스크 동 묻다, 부탁하다, 요구하다

May I ask some questions?

메이 아이 애스크 썸 퀘스천

질문을 해도 될까요?

asleep

[əslíːp] 어슬립 형 자고 있는

Daddy is asleep.

대디 이즈 어슬립

아빠는 잠들어 계신다.

at

[ǽt] 앳 전 (장소) ~에, (시간) ~에

I usually get up at six o'clock.

아이 유쥬얼리 겟 업 앳 식스 어클락

나는 보통 여섯 시에 일어난다.

A

ate

[éit] 에이트 동 (eat의 과거) 먹었다

We ate noodle for lunch.

위 에이트 누들 포 런취

우리는 점심으로 국수를 먹었다.

attack

[ətǽk] 어택 동 공격하다

The enemy attacked us at night.

디 애너미 어택드 어스 앳 나이트

적은 밤중에 우리를 공격했다.

attend

[əténd] 어텐드 동 출석하다, 참석하다

We attend school everyday.

위 어텐드 스쿠울 에브리데이

우리는 매일 학교에 등교한다.

attention

[ətén∫ən] 어텐션 명 주의, 주목

Attention, please!

어텐션 플리즈

주목해주세요!

attract

[ǽnt] 어트랙트 동 (주의, 흥미를) 끌다, 매혹하다

The honey of flowers attracts bees.

더 허니 어브 플라워즈 엇랙트스 비즈

꽃의 꿀은 벌들을 유혹한다.

author

[ɔ́:θər] 어써 명 작가, 저자

She became a famous novel author.

쉬 비케임 어 페이머스 나벌 어써

그녀는 유명한 소설작가가 되었다.

automatic

[ɔ:təmǽtik] 오터매틱 형 자동의

I bought an automatic camera.

아이 밧 언 오터매틱 캐머러

나는 자동 카메라를 샀다.

available

[əvéiləbl] 어베일러벌 형 이용할 수 있는

There are no available seats at the moment.

데어 아 노 어베일러벌 싯스 앳 더 모우먼트

현재 빈 자리가 없습니다.

avoid

[əvɔ́id] 어보이드 동 **피하다, 막다**

I avoided unnecessary fights with him.

아이 어보이디드 언네서세어리 파잇스 위드 힘

나는 그와의 불필요한 싸움을 피했다.

awake

[əwéik] 어웨이크 동 **깨우다** 형 **깨어 있는**

I awake at the alarm everyday.

아이 어웨이크 앳 디 얼라암 에브리데이

나는 매일 자명종 (소리)에 잠을 깬다.

away

[əwéi] 어웨이 부 **떨어져서, 멀리**

She lives five miles away from this place.

쉬 리브즈 파이브 마일즈 어웨이 프럼 디스 플레이스

그녀는 이곳에서 5마일 떨어진 곳에 산다.

awful

[ɔ́:fəl] 오펄 형 **끔찍한**

A awful typhoon passed by last night.

어 오펄 타이푼 패스트 바이 라스트나잇

어젯밤에 끔찍한 태풍이 지나갔다.

B

baby

[béibi] 베이비 명 갓난아기

Her baby is so lovely.

허 베이비 이즈 소우 러블리

그녀의 아기는 정말 사랑스럽다.

background

[bǽkgràund] 백그라운드 명 배경

I took a picture of the ocean background.

아이 툭 어 픽처 어브 디 오우션 백그라운드

바다를 배경으로 사진을 찍었다.

bad

[bǽd] 배드 형 나쁜, 해로운

Don't be a bad boy!

돈트 비 어 배드 보이

나쁜 애가 되지 마! (=나쁜 애처럼 행동하지 마!)

bag

[bǽg] 백 명 **가방, 주머니**

He put the book in the bag.

히 풋 더 북 인 더 백

그는 책을 가방에 넣었다.

bake

[béik] 베이크 동 **(빵을) 굽다**

Mommy is baking bread in the kitchen.

마미 이즈 베이킹 브레드 인 더 키친

엄마는 부엌에서 빵을 굽고 계신다.

- **baker** [béikər] 베이커 명 **빵굽는 사람**
- **bakery** [béikəri] 베이커리 명 **제과점**
- **baking** [béikəri] 베이킹 명 **빵굽기**

ball

[bɔ́:l] 보올 명 **공, 볼**

Don't play with the ball in the house.

돈트 플레이 위드 더 보올 인 더 하우스

집 안에서 공 가지고 놀지 말아라.

balloon

[bəlúːn] 벌루운 명 **풍선**

Daddy, buy me a balloon.

대디, 바이 미 어 벌루운

아빠, 풍선 하나 사 주세요.

bamboo

[bæmbúː] 뱀부 명 **대나무**

This table is made of bamboo.

디스 테이벌 이즈 메이드 어브 뱀부

이 식탁은 대나무로 만들어졌다.

band

[bǽnd] 밴드 명 **끈, 악단**

I tied my daughter's hair with a band.

아이 타이드 마이 도터즈 헤어 위드 어 밴드

나는 딸의 머리를 끈으로 묶었다.

bank

[bǽŋk] 뱅크 명 **은행**

I keep the money in the bank.

아이 킵 더 머니 인 더 뱅크

나는 은행에 돈을 보관한다.

bar

[bá:r] 바– 명 **막대기, 주점**

He swung a bar to drive the wild cat away.

히 스윙 어 바아 투 드라이브 더 와일드 캣 어웨이

그는 들고양이를 쫓아내기 위해 막대기를 휘둘렀다.

bargain

[bá:rgən] 바겐 명 **매매 계약, 싼 물건** 동 **흥정하다**

I bought this coat during the bargain sale.

아이 밧 디스 코우트 두어링 더 바아긴 세일

나는 이 코트를 세일 기간에 샀다.

bark

[bá:rk] 바–크 동 **(개나 늑대가) 짖다**

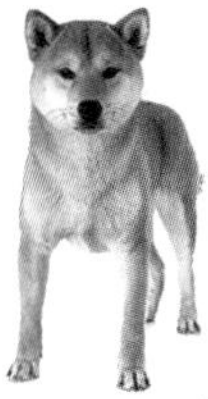

My dog barks at strangers.

마이 독 바크스 앳 스트레인저즈

내 개는 낯선 사람에게 짖는다.

base

[béis] 베이스 명 **기반, 기초**

The base of the company is strong.

더 베이스 어브 더 컴퍼니 이즈 스트롱

그 회사의 기반은 튼튼하다.

B

basket

[bǽskit] 배스킷 명 **바구니**

Put the laundry in the laundry basket.

풋 더 런드리 인 더 런드리 배스킷

빨래는 빨래바구니에 넣어라.

bat

[bǽt] 뱃 명 **방망이, 박쥐**

Where is your bat?

웨어 이즈 유어 뱃

너의 방망이 어디 있니?

bath

[bǽθ] 배쓰 명 **목욕, 욕조** 동 **목욕하다**

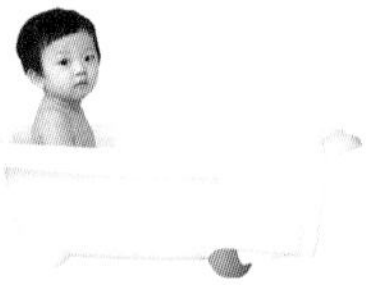

Here is some soap. Take a bath.

히어 이즈 섬 소우프. 테잌 어 배쓰

여기 비누있어. 목욕해.

bathroom

[bǽθrùːm] 배쓰루움 명 **욕실, 화장실**

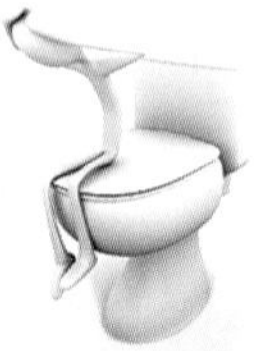

May I use your bathroom?

메이 아이 유즈 유어 배쓰루움

화장실을 이용해도 될까요?

be

[biː] 비이 동 있다, ~이다

I am a student.

아이 앰 어 스투던트

나는 학생이다.

• be+~ing
~하고 있다

beach

[bíːtʃ] 비이취 명 (바다, 호수의)해변, 물가

We took a walk on the beach.

위 툭 어 웍 안 더 비치

우리는 해변을 산책했다.

bean

[bíːn] 빈 명 콩

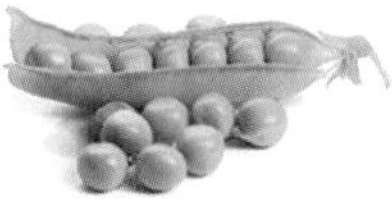

I like drinks made of beans.

아이 라익 드링크스 메이드 어브 빈즈

나는 콩으로 만든 음료를 좋아한다.

bear

[bɛ́ər] 베어 동 참다, 견디다, (아이를)낳다

I can't bear you any more.

아이 캔트 베어 유 에니 모-어

너를 더 이상 참을수 없다.

• bore :
과거
• born :
과거분사

beautiful

[bjúːtəfəl] 뷰-티플 형 **아름다운**

The garden was full of beautiful flowers.

더 가아던 워즈 풀 어브 뷰터펄 플라워즈

정원은 아름다운 꽃들로 가득했다.

because

[bikɔ́ːz] 비커즈 접 **왜냐하면, ~이기 때문에**

Mom was angry because I was late.

맘 워즈 앵그리 비커즈 아이 워즈 레이트

엄마는 내가 늦어서 화가 나셨다.

become

[bikʌ́m] 비컴 동 **~이 되다**

- **became :** 과거
- **become :** 과거분사

I want to become a famous singer.

아이 원 투 비컴 어 페이머스 싱어

나는 유명한 가수가 되고 싶어.

bed

[béd] 베드 명 **침대**

My room has only one bed.

마이 룸 해즈 온리 원 베드

내 방은 침대 하나만 있다.

bedroom

[bédrù:m] 베드루움 명 **침실**

My parents' bedroom is upstairs.

마이 페어런츠스 베드루움 이즈 업스테어즈

부모님의 침실은 위층에 있어.

bee

[bí:] 비– 명 **꿀벌**

Minsu, you're afraid of bees!

민수, 유어 어프레이드 어브 비-즈

민수야, 너 벌을 무서워하는구나!

been

[bín] 빈 동 **(be의 과거분사) ~이었다**

He has been a teacher since 1970.

히 해즈 빈 어 티쳐 씬쓰 나인틴 세븐티

그는 1970년부터 선생님이었다.

before

[bifɔ́:r] 비포– 전 부 **~전에**

I lived in the city before I came to the country.

아이 리브드 인 더 시티 비포어 아이 케임 투 더 컨트리

나는 시골에 오기 전에 도시에서 살았다.

B

begin

[bigín] 비긴 동 **시작하다, 시작되다**

The class usually begins at nine o 'clock.

더 클래스 유쥬얼리 비긴즈 앳 나인 어클락

수업은 보통 아홉시에 시작한다.

- **began** : 과거
- **begun** : 과거분사

beginning

[bigíniŋ] 비기닝 명 **시작, 처음**

At the beginning, it was just a joke.

앳 더 비기닝, 잇 워즈 져스트 어 죠-크

처음에, 그것은 그저 장난이었어.

behave

[bihéiv] 비헤이브 동 **행동하다**

The man behaved very childishly.

더 맨 비헤이브드 베리 차일디슬리

그 남자는 매우 유치하게 행동했다.

behind

[biháind] 비하인드 전 **~의 뒤에**

My house is behind the post office.

마이 하우스 이즈 비하인드 더 포스트 어피스

나의 집은 우체국 뒤에 있다.

believe

[bilíːv] 빌리–브 동 **믿다**

I believe that there is a god.

아이 빌리브 댓 데어 이즈 어 가드

나는 신이 있다고 믿는다.

bell

[bél] 벨 명 **종, 방울**

Can you hear the bell ring?

캔 유 히어 더 벨 링

너 종이 울리는 소리 들리니?

belong

[bilɔ́ːŋ] 빌로옹 동 **(to) ~에 속하다, ~의 것이다**

This toy belongs to me.

디스 토이 빌롱즈 투 미

이 장난감은 내 것이다.

below

[bilóu] 빌로우 전 부 **~밑에, 아래쪽에**

The cat is playing below the table.

더 캣 이즈 플레잉 빌로우 더 테이벌

고양이가 테이블 아래서 놀고 있다.

bench

[béntʃ] 벤취 명 **벤취, 긴 의자**

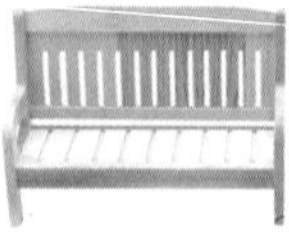

Wet paint! Don't sit on the bench.

왯 페인트! 돈트 싯 안 더 벤취

페인트 칠한 벤취에 앉지 마시오.

beside

[bisáid] 비사이드 전 **~옆에**

Put the fork and knife beside the napkin.

풋 더 포크 앤 나이프 비사이드 더 냅킨

냅킨 옆에 포크와 나이프를 놓아라.

best

[bést] 베스트 형 **가장 좋은, 최고의**

- good의 최상급

He is my best friend.

히 이즈 마이 베스트 프랜드

그는 나의 가장 좋은 친구이다.

better

[bétər] 베터 형 **보다 나은**

- good의 비교급

This is better than that.

디스 이즈 베러 댄 댓

이것이 저것보다 더 좋다.

between

[bitwíːn] 비투인 전 **사이에, 가운데**

This is secret between you and me.

디스 이즈 시크릿 비투인 유 앤드 미

이것은 너와 나 사이의 비밀이야.

bicycle

[báisikl] 바이씨컬 명 **자전거**

He always rides his bicycle to work.

히 올웨이즈 라이즈 히즈 바이씨컬 투 웕

그는 항상 자전거를 타고 출근한다.

big

[bíg] 빅 형 **큰**

I am too big, and you are too small.

아이 앰 투- 빅, 앤드 유 아 투- 스모올

나는 너무 크고, 너는 너무 작다.

bill

[bíl] 빌 명 **계산서, 청구서**

Can I have the bill, please?

캔 아이 해브 더 빌 플리즈

계산서 좀 갖다 주시겠어요?

bird

[bə́ːrd] 버–드 명 새

owl [ául] 아울 **올빼미**

eagle [íːgl] 이걸 **독수리**

crow [króu] 크로우 **까마귀**

ostrich [ɔ́ːstritʃ] 오스트리치 **타조**

pigeon [pídʒən] 피전 **비둘기**

sparrow [spǽrou] 스페어로우 **참새**

swan [swán] 스완 **백조**

turkey [tə́ːrki] 터키 **칠면조**

penguin [péŋgwin] 펭귄 **펭귄**

crane [kréin] 크레인 **학, 두루미**

magpie [mǽgpài] 매그파이 **까치**

goose [gúːs] 구스 **거위**

birthday

[bə́:rθdèi] 버-쓰데이 명 **생일**

When is your birthday?

웬 이즈 유어 버-쓰데이?

너의 생일은 언제니?

biscuit

[bískit] 비스킷 명 **비스킷**

My mom gave me a biscuit as a snack.

마이 맘 게이브 미 어 비스킷 애즈 어 스낵

엄마가 간식으로 비스킷을 주셨다.

bit

[bít] 빗 명 **조금, 한 조각**

I had a little bit of bread for dinner.

아이 해드 어 리틀 빗 어브 브레드 포어 디너

저녁으로 빵을 조금 먹었다.

bite

[báit] 바이트 동 **물다, 물어뜯다**

I took a bite of the apple.

아이 툭 어 바이트 어브 디 애플

나는 사과를 한 입 베어 물었다.

- **bit :** 과거
- **bitten :** 과거분사

B

blame

[bléim] 블레임 동 **나무라다** 명 **비난**

My mother blamed me for the mess in my room.

마이 머더 블레임드 미 포어 더 메스 인 마이 룸

어머니는 내 방이 엉망인 것에 대해 나를 나무랐다.

blanket

[blǽŋkit] 블랭킷 명 **담요**

It's getting cold so I need another blanket.

잇츠 게팅 코울드 쏘 아이 니드 어너더 블랭킷

날씨가 추워져서 담요가 하나 더 필요하다.

blind

[bláind] 블라인드 형 **장님의, 눈 먼**

The blind man has a dog to help him.

더 블라인드 맨 해드 어 도그 투 헬프 힘

그 맹인은 그를 도와줄 개가 있다.

block

[blák] 블락 명 **나무토막, 거리구역** 동 **가로막다**

Sanghun is playing with wooden blocks.

상훈 이즈 플레잉 위드 우든 블락스

상훈이는 나무 블록을 가지고 놀고 있다.

blood

[blʌ́d] 블러드 명 피, 혈액

My blood type is O.

마이 블러드 타입 이즈 오-

나의 혈액형은 O형이다.

bloom

[blúːm] 블루움 명 꽃핌, 개화 동 꽃이 피다

In the spring, all kinds of flowers bloom.

인 더 스프링, 올 카인즈 어브 플라워즈 블루움

봄에는 온갖 꽃들이 핀다.

blow

[blóu] 블로우 동 바람이 불다, (입으로)불다

She blew on her food to cool it down.

쉬 블루 안 허 푸드 투 쿨 잇 다운

그녀는 음식을 식히기 위해 불었다.

board

[bɔ́ːrd] 보-드 명 판자, 게시판

There is your picture on the board!

데어 이즈 유어 픽쳐 안 더 보-드

네 사진이 게시판에 붙어 있어!

B

body

[bádi] 바디 명 **몸, 신체**

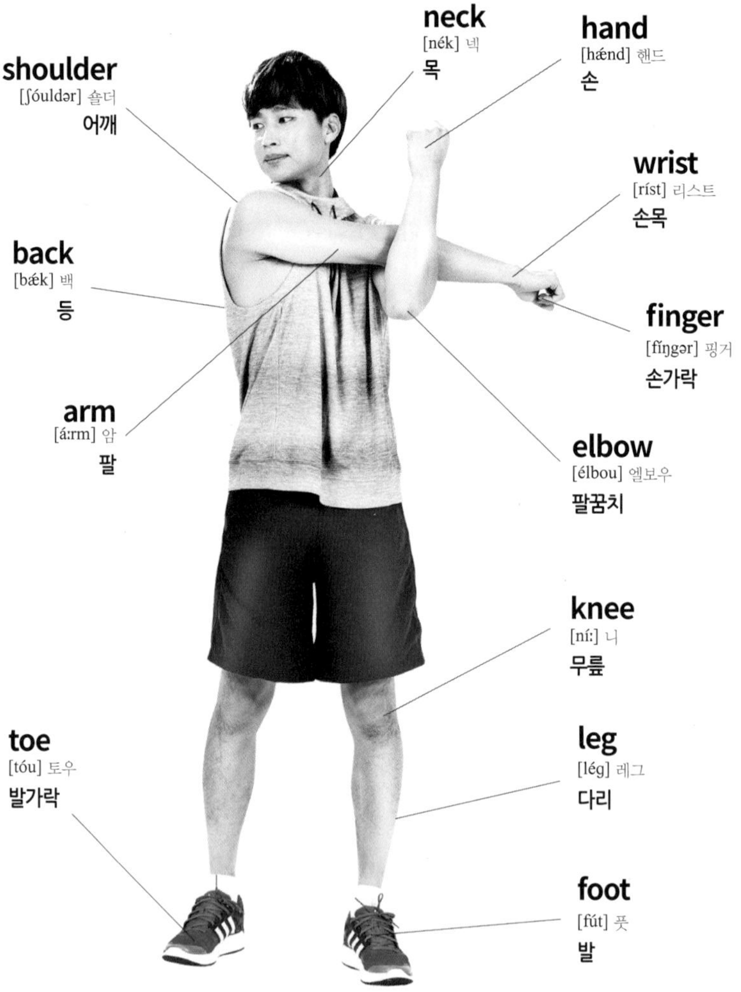

boil

[bɔ́il] 보일 동 **끓다, 끓이다**

Water boils at 100℃.

워터 보일즈 앳 원 헌드레드 디그리즈 셀시어스

물은 100℃에서 끓는다.

bone

[bóun] 보운 명 **뼈**

You are just skin and bones.

유 아 저스트 스킨 앤드 보운즈

너는 가죽하고 뼈밖에 없구나.(=너 무척이나 말랐구나.)

book

[búk] 북 명 **책**

I don't like a book without pictures.

아이 돈트 라잌 어 북 윋아웃 픽쳐즈

나는 그림이 없는 책은 좋아하지 않아.

border

[bɔ́:rdər] 보어더 명 **국경, 경계**

Korea borders China on the north.

코어리어 보어더즈 차이나 안 더 노어쓰

한국은 북쪽으로 중국과 국경을 접하고 있다.

boring

[bɔ́:riŋ] 보링 형 **지루한, 재미없는**

Yesterday's class was really boring.

예스터데이즈 클래스 워즈 리얼리 보링

어제 수업은 정말 지루했다.

born

[bɔ́:rn] 보온 형 **태어난** 동 **bear의 과거분사형**

A baby was born yesterday.

어 베이비 워즈 본 예스터데이

어제 아기가 태어났다.

borrow

[bárou] 발로우 동 **빌리다**

Can I borrow your pen?

캔 아이 발로우 유어 펜

볼펜 좀 빌려 줄 수 있니?

both

[bóuθ] 보우쓰 형 **둘 다, 양쪽 다**

Both of her parents are dead.

보우쓰 어브 허 페런트스 아 데드

그녀의 부모님은 둘 다 돌아가셨다.

bother

[báðər] 바더 동 ~을 괴롭히다, 귀찮게 하다

I am sorry to bother you.

아이 앰 쏘리 투 바더 유

번거롭게 해드려서 죄송합니다.

bottle

[bátl] 바틀 명 병

This is a medicine bottle, so don't touch it.

디스 이즈 어 메더선 바털, 소우 도운트 터치 잇

이건 약병이니 만지지 말아라.

bottom

[bátəm] 바텀 명 밑바닥, 바닥

He is at the bottom of his class.

히 이즈 앳 더 바텀 어브 히즈 클래스

그는 반에서 꼴찌다.

bought

[bɔ́ːt] 보-트 동 (buy의 과거형) 샀다

I bought a rose for her.

아이 보-트 어 로우즈 포 허

나는 그녀에게 줄 장미 한 송이를 샀다.

B

bowl

[bóul] 보울 명 **그릇, 사발**

She put the soup into a bowl.

쉬 풋 더 숩 인투 어 보울

그녀는 수프를 그릇에 담았다.

box

[báks] 박스 명 **상자**

I made a box with paper board in the school.

아이 메이드 어 박스 위드 페이퍼 보드 인 더 스쿨

나는 학교에서 종이로 상자를 만들었다.

boy

[bɔ́i] 보이 명 **소년, 아들**

My little boy, you are so cute.

마이 리틀 보이, 유- 아- 쏘- 큐-트

아가야, 너 참 귀엽구나.

brain

[bréin] 브레인 명 **뇌**

The brain is very complicated.

더 브레인 이즈 베리 컴플리케이티드

뇌는 매우 복잡하다.

branch

[bræntʃ] 브랜취 명 **나뭇가지**

Hang the swing on the branch.

행더 스윙 안더 브랜취

그네를 저 나뭇가지에 매달아라.

brave

[bréiv] 브레이브 형 **용감한**

He is a brave a soldier.

히 이즈 어 브레이브 소울저

그는 용감한 군인이다.

bread

[bréd] 브레드 명 **빵**

I like to eat bread with butter.

아이 라익 투 잇 브레드 위드 버터

나는 빵을 버터와 같이 먹는 것을 좋아한다.

break

[bréik] 브레이크 동 **부수다, 깨다**

- **broke :** 과거
- **broken :** 과거분사

Glass breaks easily.

글래스 브레익스 이즐리

유리는 깨지기 쉽다.

breakfast

[brékfəst] 브렉퍼스트 명 **아침 식사**

I had cereal for breakfast.

아이 해드 시어리얼 포 브렉퍼스트

나는 아침으로 시리얼을 먹었다.

breath

[bréθ] 브레쓰 명 **호흡, 숨**

Take a big breath and listen to me.

테잌 어 빅 브레쓰 앤드 리슨 투 미

숨을 크게 한 번 쉬고 내 말을 들어라.

bridge

[brídʒ] 브릿지 명 **다리**

My house needs to cross that bridge.

마이 하우스 니즈 투 크로스 댓 브릿지

우리 집은 저 다리를 건너야 한다.

bright

[bráit] 브라이트 형 **밝은, 빛나는** 부 **밝게, 빛나게**

The sun shines bright.

더 선 샤인즈 브라이트

해가 밝게 빛난다.

bring

[bríŋ] 브링 동 **가져오다**

Don't forget to bring some cookies.

돈트 퍼겟 투 브링 섬 쿠키즈

과자 좀 가져오는 것 잊지마.

British

[brítiʃ] 브리티쉬 형 **영국(사람)의, 영국말의**

Mr. Johns is British.

미스터 존스 이즈 브리티쉬

존슨씨는 영국인이다.

broad

[brɔ́:d] 브로오드 형 **넓은**

His house has a broad living room.

히즈 하우스 해즈 어 브로오드 리빙룸

그의 집은 거실이 넓다.

broadcast

[brɔ́:dkæst] 브로드캐스트 동 **방송하다, 방영하다**

Did you listen to the classic broadcast?

디드 유 리선 투 더 클래식 브로드캐스트

클래식 방송 들었어요?

B

brush

[brʌ́ʃ] 브러쉬 명 **빗, 솔** 동 **빗질하다**

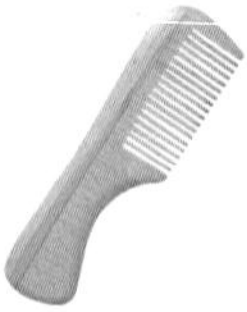

Where is my hair brush?

웨어 이즈 마이 헤어 브러쉬

내 머리 빗이 어디 있지?

budget

[bʌ́dʒit] 버짓 명 **예산, 예산안**

We planned the new year's budget.

위 플랜드 더 뉴 이어즈 버짓

우리는 새해 예산을 계획했다.

bug

[bʌ́g] 버그 명 **벌레, 곤충**

Many bugs live in the forest.

메니 버그즈 라이브 인 더 포어러스트

많은 벌레들이 숲에 산다.

build

[bíld] 빌드 동 **(건물 따위를) 짓다, 세우다**

Rome was not built in a day.

로움 워즈 낫 빌드 인 어 데이

로마는 하루 아침에 이루어진 것이 아니다.

- **built** : 과거
- **built** : 과거분사

B

building

[bíldiŋ] 빌딩 명 **건물, 건축**

There are many tall buildings in Seoul.

데어 아아 메니 톨 빌딩즈 인 소울

서울에는 높은 빌딩들이 많다.

burn

[bə́:rn] 버언 동 **불타다, 타다**

A fire was burning in the fireplace.

어 파여 워즈 버닝 인 더 파이어플레이스

벽난로에서 불이 타고 있었다.

bus

[bʌ́s] 버스 명 **버스**

I ran but missed the bus.

아이 랜 벗 미스트 더 버스

나는 달렸으나 버스를 놓쳤다.

business

[bíznis] 비지니스 명 **일, 사업**

My daddy is a business man.

마이 대디 이저 비즈니스 맨

나의 아빠는 사업가이다.

busy

[bízi] 비지 형 **바쁜**

Everyone is busy in the new semester.

에브리원 이즈 비지 인 더 뉴 서메스터

새 학기에는 모두가 바쁘다.

but

[bʌ́t] 벗 접 **그러나**

I am small, but I am strong.

아이 앰 스모올 벗 아이 앰 스트로옹

나는 작다. 그러나 나는 강하다.

butter

[bʌ́tər] 버터 명 **버터**

We always have butter and cheese.

위 올웨이즈 해브 버터 앤 치-즈

우리는 항상 버터와 치즈를 먹는다.

butterfly

[bʌ́tərflài] 버터플라이 명 **나비**

Flowers and butterflies are always a pair.

플라워즈 앤 버터플라이즈 알 올웨이즈 어 페어

꽃과 나비는 언제나 한 쌍이다.

button

[bʌ́tn] 버튼 명 **단추, 버튼**

Mom, please put a button on my shirt.

맘, 플리즈 풋 어 버튼 안 마이 셔츠

엄마, 내 셔츠에 단추를 달아 주세요.

buy

[bái] 바이 동 **사다**

What did you buy at the store?

왓 디드 유 바이 앳 더 스토어

가게에서 무엇을 샀니?

- **bought :** 과거
- **bought :** 과거분사

by

[bái] 바이 전 **~의 옆에, 지나서, ~에 의해**

Come and sit by me.

컴 앤드 씻 바이 미

이리 와서 내 옆에 앉아라.

bye

[bái] 바이 감 **안녕**

Good bye, Jinsu!

굿 바이, 진수

진수야, 잘 가!

C

cab

[kǽb] 캡 명 **택시**

Should I take a bus or a cab?

슈드 아이 테익 어 버스 오어 어 캡

버스를 탈까, 택시를 탈까?

cabbage

[kǽbidʒ] 캐비지 명 **양배추**

He grows cabbages on his farm.

히 그로우즈 캐비지즈 안 히즈 팜

그는 자신의 농장에서 양배추를 재배한다.

calendar

[kǽləndər] 캘린더 명 **달력**

Check my birthday on your calender!

첵 마이 버-쓰데이 안 유어 캘린더

네 달력에서 내 생일을 확인해 봐!

call

[kɔ́:l] 코올 [동] **부르다, 전화하다**

Listen! Somebody is calling your name.

리슨! 섬바디 이즈 코올링 유어 네임

들어봐! 누가 네 이름을 부른다.

calm

[ká:m] 캄 [형] **차분한** [동] **진정시키다**

It was calm after the storm.

잇 워즈 캄 애프터 더 스톰

폭풍이 지나간 후에는 고요했다.

camera

[kǽmərə] 캐머러 [명] **카메라**

I bought a new camera yesterday.

아이 밧 어 뉴 캐머러 예스터데이

나는 어제 새 카메라를 샀다.

camp

[kǽmp] 캠프 [명] **캠프** [동] **야영하다**

Are you ready to go camping?

아 유 레디 투 고 캠핑

야영할 준비 됐니?

C

can[1]

[kǽn] 캔 조 **~할 수 있다**

I can speak English.

아이캔 스피-크 잉글리쉬

나는 영어를 할 수 있다.

can[2]

[kǽn] 캔 명 **깡통** 동 **깡통을 따다**

There's a little food left in the can.

데어즈 어 리털 푸드 레프트 인 더 캔

캔 안에 음식이 조금 남아 있다.

cancel

[kǽnsəl] 캔설 동 **취소하다**

I canceled my trip because I was busy.

아이 캔설드 마이 트립 비커즈 아이 워즈 비지

바빠서 여행을 취소했다.

candle

[kǽndl] 캔들 명 **양초, 촛불**

Let's blow out the candles and make a wish.

렛츠 블로우 아웃 더 캔들즈 앤드 메이크 어 위쉬

촛불을 불어 끄고 소원을 빌자.

candy

[kǽndi] 캔디 명 **사탕**

Mommy, can I have some more candies?

마미, 캔 아이 해브섬 모어 캔디스

엄마, 사탕 더 먹어도 돼요?

capital

[kǽpətl] 캐피털 명 **수도, 대문자, 자본**

Seoul is the capital of Korea.

서울 이즈 더 캐피털 어브 코리어

서울은 한국의 수도이다.

captain

[kǽptin] 캡틴 명 **선장, 대장**

My uncle is the captain of a big ship.

마이 엉컬 이즈 더 캡틴 어브 어 빅 쉽

나의 삼촌은 큰 배의 선장이다.

car

[ká:r] 카아 명 **자동차**

How long does it take by car.

하우 롱 더즈 잇 테잌 바이 카

차로 가면 얼마나 걸립니까?

card

[ká:rd] 카-드 명 **카드, 명함**

I made a birthday card for you.

아이 메이드 어 벌쓰데이 카드 포 유

나는 너에게 줄 생일 카드를 만들었다.

care

[kέər] 케어 명 **걱정, 돌봄, 주의** 동 **걱정하다, 돌보다**

I take care of my cat myself.

아이 테익 케어 어브 마이 캣 마이셀프

고양이는 제가 직접 돌봅니다.

career

[kəríər] 커리어 명 **직업, 경력**

I have a career as a lawyer.

아이 해브 어 커리어 애즈 어 로여

나는 변호사 경력이 있다.

careful

[kέərfəl] 케어펄 형 **주의 깊은**

Be careful! the road is slippery there.

비 케어펄! 더 로우드 이즈 슬리퍼리 데어

거기 길이 미끄러우니 조심해!

carpet

[káːrpit] 카아핏 명 **양탄자, 카펫**

I have a beautiful Persian carpet.

아이 해브 어 뷰티펄 퍼얼션 카아핏

나는 아름다운 페르시아 양탄자를 가지고 있다.

carry

[kǽri] 캐리 동 **나르다, 운반하다**

Mommy carries the baby on her back.

마미 캐리즈 더 베이비 안 허- 백

엄마는 아기를 업고 다닌다.

cartoon

[kaːrtúːn] 카툰 명 **만화, 만화영화**

She has a hobby of drawing cartoons.

쉬 해즈 어 하비 어브 드로잉 카아툰즈

그녀는 만화를 그리는 취미가 있다.

case

[kéis] 케이스 명 **상자, 경우**

Where is your pencil case?

웨어 이즈 유어 펜슬 케이스

네 필통은 어디 있니?

C

cash

[kǽʃ] 캐쉬 명 **현금**

Would you like to pay, cash or card?

우드 유 라잌 투 페이, 캐쉬 오어 카드

계산은 현금으로 하시겠습니까, 카드로 하시겠습니까?

catch

[kǽtʃ] 캣취 동 **잡다**

I threw the ball and the dog caught it.

아이 쓰루 더 보올, 앤 더 도-그 코옷 잇

나는 공을 던졌고 그리고 개가 그것을 잡았다.

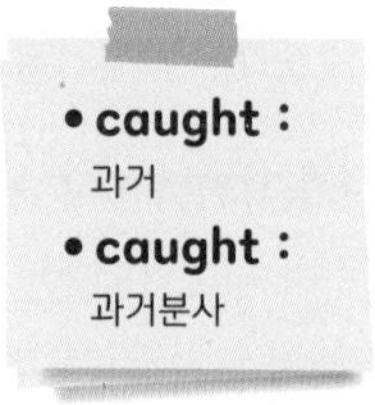

cause

[kɔ́:z] 커어즈 명 **원인, 이유** 동 **~의 원인이 되다, 일으키다**

Everything has it's cause.

에브리씽 해즈 잇스 커어즈

모든 일에는 원인이 있다.

ceiling

[sí:liŋ] 시일링 명 **천장**

The ceiling of my room is very low.

더 실링 어브 마이 룸 이즈 베어리 로우

내 방의 천장은 매우 낮다.

celebrate

[séləbrèit] 셀러브레이트 동 축하하다, 기념하다

We celebrated her birthday.

위 셀러브레이티드 허 버쓰데이

우리는 그녀의 생일을 축하했다.

C

center

[séntər] 센터 명 가운데, 중심

My house is in the center of the town.

마이 하우스 이즈 인 더 센터 어브 더 타운

나의 집은 시내 중심에 있다.

certain

[sə́:rtn] 서-턴 형 확실한, 확신하는

I am certain that you are wrong.

아이 앰 서-턴 댓 유 아 로옹

나는 네가 틀렸다고 확신한다.

certainly

[sə́:rtnli] 서-턴리 부 반드시, 확실히

She will certainly come.

쉬 윌 서-턴리 컴

그녀는 틀림없이 올 것이다.

chain

[tʃéin] 체인 명 **쇠사슬** 동 **사슬로 묶다**

The poor dog is chained.

더 푸어 도그 이즈 체인드

불쌍한 개가 사슬에 묶여 있다.

chair

[tʃέər] 췌어 명 **의자**

Take a chair, please.

테잌 어 췌어, 플리즈

의자에 앉아라.

chance

[tʃǽns] 챈스 명 **기회, 호기** 동 **우연히 하다**

It is a good chance for you to meet him.

잇 이즈 어 굿 챈스 포 유 투 밋 힘

네가 그를 만날 좋은 기회이다.

change

[tʃéindʒ] 체인쥐 동 **바꾸다** 명 **변화**

There have been many changes in that city.

데어 해브 빈 매니 체인지즈 인 댓 시티

그 도시에는 많은 변화가 있었다.

cheap

[tʃíːp] 칩 형 **값이 싼, 저렴한**

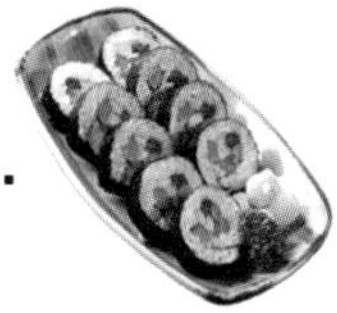

This restaurant is cheap but delicious.

디스 레스터란트 이즈 칩 벗 딜리셔스

이 음식점은 싸지만 맛있다.

check

[tʃék] 첵 명 동 **검사(하다), 확인(하다)**

Check your answers before submitting.

첵 유어 앤서즈 비포어 서브미팅

제출하기 전에 너의 답들을 확인해라.

cheese

[tʃíːz] 치-즈 명 **치즈**

There are many kinds of cheese.

데어 알 매니 카인즈 어브 치-즈

치즈의 종류는 매우 다양하다.

chicken

[tʃíkən] 취킨 명 **닭**

A fried chicken is my favorite food.

어 프라이드 취킨 이즈 마이 페이버릿 푸드

닭 튀김이 내가 가장 좋아하는 음식이다.

C

children

[tʃíldrən] 췰드런 명 **어린이들(복수)**

The children are swimming in the pool.

더 췰드런 아 스위밍 인 더 풀

어린이들이 수영장에서 수영을 하고 있다.

• **child** :
명 아이(단수)

chilly

[ʧíli] 췰리 형 **추운, 싸늘한**

It's chilly today, isn't it?

잇츠 췰리 투데이, 이즌트 잇

오늘은 쌀쌀한데, 그렇지 않니?

China

[tʃáinə] 차이너 명 **중국**

China produces many things.

차이너 프러두서즈 메니 씽즈

중국은 많은 것을 생산한다.

Chinese

[ʧainíːz] 차이니-즈 형 **중국의, 중국말의, 중국 사람의**

I am studying Chinese now.

아이 앰 스터디잉 차이니즈 나우

나는 지금 중국어를 공부하고 있다.

C

chocolate

[tʃɔ́:kələt] 쵸컬릿 명 **초콜릿**

Eating too much chocolate is not good.

이팅 투 머치 초클럿 이즈 낫 굿

초콜릿을 너무 많이 먹는 것은 좋지 않다.

choice

[tʃɔ́ is] 초이스 명 **선택, 결정**

My choice is to marry him.

마이 초이스 이즈 투 메리 힘

나의 선택은 그와 결혼하는 것이다.

choose

[tʃú:z] 츄–즈 동 **뽑다, 고르다**

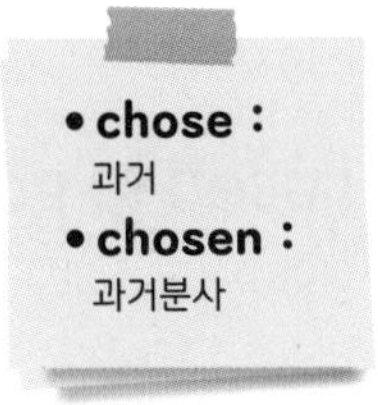

It's up to you to choose the menu.

잇츠 업 투 유 투 츄즈 더 메뉴

메뉴 고르는 것은 네 일이야.(= 메뉴는 네가 골라)

chopstick

[tʃápstìk] 찹스틱 명 **젓가락**

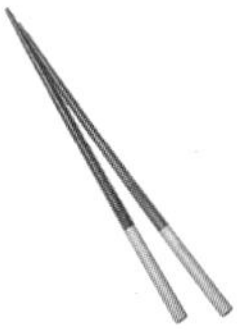

Koreans use spoons and chopsticks.

코리언즈 유스 수푼즈 앤 찹스틱

한국인은 수저와 젓가락을 사용한다.

Christmas

[krísməs] 크리스머스 명 **성탄절**

The children love Christmas very much.

더 칠드런 러브 크리스머스 베리 머치

아이들은 크리스마스를 매우 좋아한다.

church

[ʧə́ːrʧ] 쳐-취 명 **교회**

I go to church on every Sunday.

아이 고 투 쳐-취 안 에브리 선데이

나는 일요일마다 교회에 간다.

cinema

[sínəmə] 시너머 명 **영화, 영화관**

I used to go to the cinema every weekend.

아이 유즈드 투 고우 투 더 시너머 에브리 위켄드

나는 주말마다 영화관에 가곤 했다.

circle

[sə́ːrkl] 서-클 명 **원, 고리**

Draw a circle on your notebook.

드로- 어 서-클 안 유어 노트북

네 공책에 원을 그려라.

citizen

[sítəzən] 씨티즌 명 **시민, 국민**

I am a Seoul citizen living in Seoul.

아이 앰 어 소울 시티전 리빙 인 소울

나는 서울에 사는 서울시민이다.

city

[síti] 씨티 명 **도시**

I prefer the city to the countryside.

아이 프러퍼 더 시티 투 더 컨트리사이드

나는 시골보다 도시가 더 좋다.

claim

[kléim] 클래임 동 **요구하다, 청구하다**

The company claimed him for damages.

더 컴퍼니 클레임드 힘 포 대미저스

회사는 그에게 손해배상을 청구했다.

class

[klǽs] 클래스 명 **반, 수업**

I have an English class today.

아이 해브 언 잉글리쉬 클래스 투데이

나는 오늘 영어 수업이 있다.

c

- **classmate**

[klǽsmèit] 클래스메이트 명 **급우, 반친구**

- **classroom**

[klǽsrù:m] 클라스룸 명 **교실**

clean

[klí:n] 클리인 형 **깨끗한**

You have to clean your teeth after eating.

유 해브 투 클린 요어 티쓰 애프터 이팅

식사 후에는 이를 닦아야 한다.

clear

[klíər] 클리어 형 **맑은, 분명한**

It's very clear today.

잇츠 베리 클리어 투데이

오늘은 매우 맑은 날씨다.

clever

[klévər] 클레버 형 **영리한, 솜씨 좋은**

She said you're very clever.

쉬 세드 유 아 베리 클레버

그녀는 네가 아주 똑똑하다고 말했다.

C

climb

[kláim] 클라임 동 **오르다**

We climbed to Mt. Halla in the morning

위 클라임드 투 마운트 한라 인 더 모어닝

우리는 아침에 한라산에 올랐다.

clock

[klák] 클락 명 **시계**

I set the alarm clock for 6:30.

아이 셋 디 얼라암 클락 포- 식스 써-티

나는 자명종 시계를 6시 30분에 맞추었다.

close[1]

[klóuz] 클로우즈 동 **닫다**

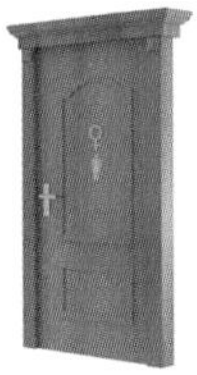

Would you close the door, please?

우쥬 클로우즈 더 도어, 플리즈

문을 닫아 주시겠어요?

close[2]

[klóus] 클로스 형 **가까운**

The hospital is close to my house.

더 하스피털 이즈 클로스 투 마이 하우스

병원은 우리집에서 가까운 곳에 있다.

clothes

[klóuz] 클로즈 명 **옷, 의복**

uniform [júːnəfɔ̀ːrm] 유너폼
제복, 유니폼

coat [kóut] 코우트
코트, 외투

scarf [skáːrf] 스-카프
스카프

pants [pǽnts] 팬츠
바지

overall [oúvərɔ̀l] 오우버롤
작업바지

blouse [bláus] 블라우스
블라우스

dress [drés] 드레스
드레스

sweater [swétər] 스웨터
스웨터

skirt [skə́:rt] 스커-트
치마, 스커트

pajamas [pədʒá:məz] 퍼자머즈
잠옷, 파자마

gloves [glʌv] 글로브즈
장갑

jacket [dʒǽkit] 재킷
재킷, 상의

belt [bélt] 벨트
벨트, 허리띠

hat [hǽt] 햇 **모자**

cloud

[kláud] 클라우드 명 **구름**

• **cloudy**
형 흐린

The sky is cloudy with many clouds.

더 스카이 이즈 클라우디 윋 메니 클라우즈

하늘에 구름이 많아 날이 흐리다.

club

[klʌ́b] 클럽 명 **모임, 단체**

I would like to join the football club.

아이 우드 라읻 투 죠인 더 풋볼 클럽

나는 그 축구 모임에 들고 싶어.

coast

[kóust] 코우스트 명 **해안**

My house is near the coast.

마이 하우스 이즈 니어 더 코우스트

우리 집은 해안 근처에 있다.

coffee

[kɔ́:fi] 커-피 명 **커피**

I like black coffee without cream.

아이 라익 블랙 커-피 위다우트 크림

나는 크림이 없는 블랙커피를 좋아한다.

coin

[kɔ́in] 코인 명 **동전, 주화**

Do you have some coin?

두 유 해브 섬 코인

너 동전 좀 있니?

cold

[kóuld] 코울드 형 **추운, 차가운** 명 **감기**

I've got a bad cold.

아이브 갓 어 배드 콜드

지독한 감기에 걸렸다.

collect

[kəlékt] 컬렉트 동 **모으다, 수집하다**

Jinsoo collects foreign coins as a hobby.

진수 컬렉츠 포-린 코인즈 애즈 어 하비

진수는 취미로 외국 동전을 모은다.

college

[kálidʒ] 칼리쥐 명 **대학, 단과대학**

I will go to college next year.

아이 윌 고 투 칼리쥐 넥스트 이어

나는 내년에 대학에 갈 것이다.

C

color

[kʌ́lər] 컬러 명 **색, 색깔**

- **black** [blǽk] 블랙 **검정색**
- **white** [wáit] 화이트 **흰색**
- **yellow** [jélou] 옐로우 **노란색**
- **green** [gríːn] 그린 **녹색**
- **red** [réd] 레드 **빨간색**
- **sky blue** [skái blùː] 스카이 블루 **하늘색**
- **violet** [váiəlit] 바이얼릿 **보라색**
- **orange** [ɔ́ːrindʒ] 오어런지 **주황색**
- **blue** [blúː] 블루 **파란색**
- **pink** [píŋk] 핑크 **분홍색**
- **gray** [gréi] 그레이 **회색**
- **brown** [bráun] 브라운 **갈색**

combine

[kəmbáin] 컴바인 동 **합치다. 결합하다**

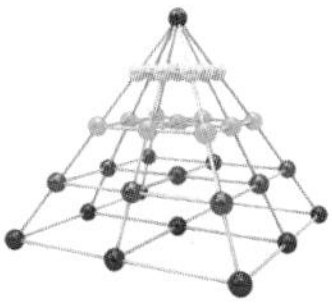

Water and oil do not combine.

워터 앤 오일 두 낫 컴바인

물과 기름은 섞이지 않는다.

come

[kʌ́m] 컴 동 **오다**

- **came** 과거
- **come** 과거분사

We saw a car coming towards us.

위 소 어 카아 커밍 투워어즈 어스

우리는 차 한 대가 우리를 향해 오는 것을 보았다.

comfortable

[kʌ́mfərtəbl] 컴퍼터블 형 **편안한**

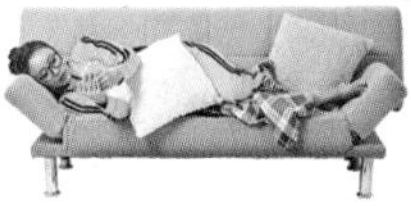

This sofa is very comfortable.

디스 소우퍼 이즈 베리 컴퍼터블

이 소파는 매우 편안하다.

common

[kámən] 카먼 형 **흔한, 공통의**

We share a common purpose.

위 셰어 어 카먼 퍼퍼스

우리는 공통의 목적을 가지고 있다.

company

[kʌ́mpəni] 컴퍼니 명 **회사, 동료**

Which company do you work for?

위치 컴퍼니 두 유 워-크 포

너는 어느 회사에서 일하니?

compare

[kəmpέər] 컴페어 동 **비교하다**

Let's compare the difference between A and B.

렛츠 컴페어 더 디퍼런스 비트윈 에이 앤드 비

A와 B의 차이를 비교해보자.

complain

[kəmpléin] 컴플레인 동 **불평하다**

Don't complain about your food!

돈트 컴플레인 어바웃 유어 푸드

네 음식에 대해서 불평하지 마라!

computer

[kəmpjúːtər] 컴퓨-터 명 **컴퓨터**

I have a personal computer system.

아이 해브 어 퍼스널 컴퓨-터 시스텀

나는 개인용 컴퓨터가 있다.

condition

[kəndíʃən] 컨디션 명 **상태, 조건**

This piano is in good condition.

디스 피애노우 이즈 인 굿 컨디션

이 피아노는 상태가 좋다.

confuse

[kənfjúːz] 컨퓨즈 동 **혼란스럽다**

His behavior confused me.

히즈 비헤이브여 컨퓨즈드 미

그의 행동은 나를 혼란스럽게 했다.

connect

[kənékt] 커넥트 동 **연결하다**

The bridge connects the two islands.

더 브릿지 커넥트스 더 투 아일런즈

그 다리는 두 섬을 연결한다.

consider

[kənsídər] 컨시더 동 **~라고 생각하다**

I consider him an able man.

아이 컨시더 힘 앤 에이벌 맨

나는 그를 유능한 사람으로 생각한다.

C

consult

[kənsʌ́lt] 컨설트 동 **의논하다, 진찰을 받다**

He consulted with me about the matter.

히 컨설터드 윋 미 어바우트 더 매터

그는 그 문제에 대해 나와 상의했다.

contain

[kəntéin] 컨테인 동 **담다, 포함하다**

This cake contains a lot of peanuts.

디스 케이크 컨테인즈 어 랏 어브 피-너츠

이 케이크는 땅콩이 많이 들어 있다.

contest

[kántest] 컨테스트 명 **경쟁, 경기, 경연대회**

Music contests are held every year.

뮤직 칸테스트스 아 헬드 에브리 이어

음악 경연대회는 매년 열린다.

continue

[kəntínjuː] 컨티뉴- 동 **계속하다, 계속되다**

He continue working for a long time.

히 컨티뉴- 워킹 포 러 롱 타임

그는 오랫동안 계속 일을 한다.

C

control

[kəntróu] 컨트로울 동 **통제하다, 지배하다**

This machine is controlled by a computer.

디스 머쉰 이즈 컨트로울드 바이 어 컴퓨러

이 기계는 컴퓨터로 제어된다.

conversation

[kánvərséiʃən] 컨버세이션 명 **대화**

Let's solve this problem through conversation.

렛츠 솔브 디스 프라블럼 쓰루 컨버세이션

대화를 통해서 이 문제를 해결합시다.

cook

[kúk] 쿡 동 **요리하다** 명 **요리사**

She is the best cook.

쉬 이즈 더 베스트 쿡

그녀는 최고의 요리사이다.

cool

[kú:l] 쿠울 형 **시원한, 멋진, 냉정한** 명 **서늘한 기운**

The weather is cool and clear in autumn.

더 웨더 이즈 쿨 앤드 클리어 인 오텀

가을은 날씨가 시원하고 청명하다.

copy

[kápi] 카피 명 **복사** 동 **베끼다, 복사하다**

Copy this page in your notebook.

카피 디스 페이지 인 유어 노트북

이 페이지를 노트에 베껴 써라.

corn

[kɔ́:rn] 코온 명 **옥수수**

We planted some corns in the fields.

위 플랜터드 섬 콘즈 인 더 필즈

우리는 밭에 옥수수를 심었다.

corner

[kɔ́:rnər] 코-너 명 **모퉁이, 구석**

Turn left at the next corner.

터언 레프트 앳 더 넥스트 코-너

다음 모퉁이에서 왼쪽으로 도세요.

correct

[kərékt] 커렉트 형 **정확한, 옳은** 동 **바로잡다, 정정하다**

The teacher corrected the wrong part.

더 티처 커렉터드 더 롱 파트

선생님은 틀린 부분을 정정했다.

C

cost

[kɔ́ːst] 코-스트 동 **~의 비용이 들다, (노력, 시간 등이)걸리다**

How much does it cost to rent the car?

하우 머취 더즈 잇 코-스트 투 렌트 더 카

차를 빌리는 데 비용이 얼마나 드나요?

cotton

[kátn] 카턴 명 **목화, 면**

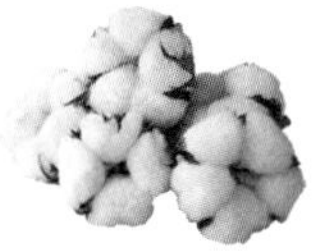

I want to buy a cotton underwear.

아이 원트 투 바이 어 카턴 언더웨어

나는 면 속옷을 사고 싶다.

could

[kúd] 쿠드 동 **can의 과거형**

I could not hear any sound.

아이 쿠드 낫 히어 애니 사운드

나는 아무런 소리도 들을 수 없었다.

count

[káunt] 카운트 동 **세다, 계산하다**

Count to twenty and open your eyes.

카운트 투 트웬티 앤 오픈 유어 아이즈

스물까지 세고 눈을 떠라.

country

[kʌ́ntri] 컨트리 명 **나라, 국가, 지방, 시골**

There are many countries in the world.

데어 아 메니 컨트리즈 인 더 월드

세계에는 많은 나라들이 있다.

couple

[kʌ́pl] 커펄 명 **부부, 한 쌍**

The young couple are dancing.

더 영 커펄 아아 댄싱

젊은 커플이 춤을 추고 있다.

courage

[kə́:ridʒ] 커리쥐 명 **용기**

His courage saved many people.

히즈 커리지 세이브드 메니 피펄

그의 용기는 많은 사람을 구했다.

course

[kɔ́:rs] 코-스 명 **진로, 코스, 학과**

How is your math course?

하우 이즈 유어 매쓰 코-스

네 수학 과목은 어떠니?

court

[kɔ́ːrt] 코어트 명 **법원, 안마당, 코트**

The court found him innocent.

더 코어트 파운드 힘 이너선트

법원은 그에게 무죄를 선고했다.

cousin

[kʌ́zn] 커즌 명 **사촌**

I go to the same school as my cousin.

아이 고우 투 더 세임 스쿨 애즈 마이 커전

나는 사촌동생과 같은 학교에 다닌다.

cover

[kʌ́vər] 커버 동 **덮다** 명 **덮개**

Darkness covered the world.

다아크니스 커버드 더 월드

어둠이 세상을 뒤덮었다.

crash

[kræʃ] 크래쉬 동 **충돌하다, 부딪치다** 명 **충돌**

The car crashed into the tree.

더 카 크래쉬트 인투 더 트리

차가 나무와 충돌했다.

C

crayon

[kréian] 크레이안 명 **크레용**

The boy is drawing a picture with crayons.

더 보이 이즈 드로잉 어 픽처 위드 크레이안즈

소년이 크레파스로 그림을 그리고 있다.

crazy

[kréizi] 크레이지 형 **미친, 열광적인**

The great news drove me crazy.

더 그레이트 뉴즈 드로우브 미 크레이지

그 어마어마한 소식은 나를 미치게 했다.

cream

[krí:m] 크리임 명 **크림**

Put some cream in my coffee.

풋 섬 크리임 인 마이 커-피

내 커피에 크림을 좀 넣어줘.

create

[kriéit] 크리에잇 동 **창조하다**

God created everything about mankind.

가드 크리에이터드 에브리씽 어바우트 맨카인드

신은 인류의 모든 것을 창조했다.

credit

[krédit] 크레딧 명 **신용, 외상** 동 **믿다**

His credit in the company is very high.

히즈 크레딧 인 더 컴퍼니 이즈 베리 하이

그의 회사에서의 신용은 매우 높다.

crime

[kráim] 크라임 명 **죄, 범죄**

He regretted committing a crime.

히 리그레티드 커미팅 어 크라임

그는 죄를 지은 것을 후회했다.

cross

[krɔ́ːs] 크로-스 동 **건너다** 명 **십자가, 교차로**

The light is green. Let's cross the road.

더 라이트 이즈 그린. 렛츠 크로-스 더 로드

파란불이다. 길을 건너자.

crowd

[kráud] 크라우드 명 **군중, 혼잡** 동 **붐비다**

There is a big crowd in the park.

데어 이즈 어 빅 크라우드 인 더 파-크

공원에 많은 군중들이 있다.

cry

[krái] 크라이 동 **울다, 소리치다**

Don't cry, I am not deaf.

돈트 크라이, 아이 앰 낫 데프

소리치지마, 나는 귀먹지 않았어.

culture

[kʌ́ltʃər] 컬처 명 **문화, 문명**

He understands Korean culture very well.

히 언더스탠즈 코어리언 컬처 베리 웰

그는 한국 문화를 잘 이해한다.

cup

[kʌ́p] 컵 명 **컵, 잔**

Pour some water in my cup, please.

푸어 섬 워-터 인 마이 컵, 플리이즈

내 컵에 물을 좀 부어줘요.

curious

[kjúəriəs] 큐어리어스 형 **호기심 강한, 의아스러운**

She is a curious student.

쉬 이즈 어 큐리어스 스투던트

그녀는 호기심이 많은 학생이다.

current

[kə́:rənt] 커런트 형 **현재의** 명 **흐름, 유동**

The current problem is that there is no time.

더 커런트 프라블럼 이즈 댓 데어 이즈 노우 타임

현재 문제는 시간이 없다는 것이다.

custom

[kʌ́stəm] 커스텀 명 **습관, 관습**

It is their custom not to eat raw.

잇 이즈 데어 커스텀 낫 투 잇 로

날것을 먹지 않는 것은 그들의 관습이다.

cut

[kʌ́t] 컷 동 **자르다, 베다**

Ouch, I cut my finger.

아우치, 아이 컷 마이 핑거

아야, 손을 베었다.

cute

[kjúːt] 큣 형 **예쁜, 귀여운**

Her daughter is very cute like a doll.

허 도터 이즈 베어리 큣 라잌 어 달

그녀의 딸은 인형처럼 매우 귀엽다.

C

D

dad

[dǽd] 대드 명 **아빠**

My dad is always busy.

마이 대드 이즈 올웨이즈 비지

나의 아빠는 항상 바쁘시다.

daily

[déili] 데일리 형 **매일의, 일상의**

We take in the daily milk.

위 테익 인 더 데일리 밀크

우리는 매일 우유를 먹는다.

damage

[dǽmidʒ] 데미지 명 **손해, 손상, 피해**

He has done a lot of damage to us.

히 해즈 던 어 랏 어브 대머지 투 어스

그는 우리에게 많은 피해를 입혔다.

dance

[dǽns] 댄스 동 **춤추다**

I danced with her to the piano music.

아이 댄스드 윗 허 투 더 피애노우 뮤-직

나는 그녀와 피아노곡에 맞춰 춤을 추었다.

danger

[déindʒər] 데인저 명 **위험**

• **dangerous**
형 위험한

The bridge is in danger of collapsing.

더 브리지 이즈 인 데인저 어브 컬랩싱

다리가 무너질 위험에 처해 있다.

D

dark

[dá:rk] 다-크 형 **어두운, 깜깜한**

Let's go home before dark.

렛츠 고우 호움 비포어 다아크

어두워지기 전에 집에 가자.

date

[déit] 데이트 명 **날짜, 데이트**

What's the date today?

왓츠 더 데잇 투데이

오늘이 며칠이지?

day

[déi] 데이 명 **날, 하루, 낮**

There are seven days in a week.

데어 아 세븐 데이즈인어 윅

일주일에는 7일이 있다.

dead

[déd] 데드 형 **죽은**

He has been dead for two years.

히 해즈 비인 데드 포- 투 이얼스

그가 죽은 지 2년이 된다.

deaf

[déf] 데프 형 **귀머거리의**

The soldier was deaf in the war.

더 소울저 워즈 데프 인 더 워어

그 군인은 전쟁에서 귀가 멀었다.

decide

[disáid] 디사이드 동 **결심하다, 결정하다**

I haven't decided what to eat for lunch.

아이 해번트 디사이디드 왓 투 잇 포어 런치

나는 점심으로 무엇을 먹을지 정하지 못했다.

declare

[diklέər] 디클레어 동 **선언하다, 단언하다**

My daughter declared independence.

마이 도터 디클레어드 인디펜던스

내 딸은 독립을 선언했다.

decorate

[dékərèit] 데커레이트 동 **장식하다**

We decorated the Christmas tree.

위 데커레이터드 더 크리스머스 트리

우리는 크리스마스 트리를 장식했다.

deep

[dí:p] 딮 형 **깊은**

There is a deep hole in the tree.

데어 이즈 어 디잎 호울인더 트리-

나무에 깊은 구멍이 있다.

delay

[diléi] 딜레이 동 **지연시키다, 연기하다**

The accident delayed me from going to work.

디 액서던트 딜레이드 미 프럼 고잉 투 웍

그 사고로 출근이 늦어졌다.

D

delicious

[dilíʃəs] 딜리셔스 형 **맛있는**

What a delicious apple!

왓 어 딜리셔스 애플

정말 맛있는 사과구나!

deliver

[dilívər] 딜리버 동 **배달하다**

The mailman delivers letters everyday.

더 메일맨 딜리버즈 레터즈 에브리데이

집배원은 매일 편지를 배달한다.

demand

[dimǽnd] 디맨드 동 **요구하다** 명 **요구**

The teacher doesn't agree to my demand.

더 티처 더즌트 어그리 투 마이 디맨드

선생님은 내 요구를 들어주지 않으신다.

department

[dipá:rtmənt] 디파–트먼트 명 **부분, 부, 부서**

She works at the personnel department.

쉬 웍스 앳 더 퍼서넬 디파아트먼트

그녀는 인사부에서 일한다.

depend

[dipénd] 디펜드 동 **의존하다**

I depend on the support of my parents.

아이 디펜드 안 더 서포어트 어브 마이 페런트츠

나는 부모님의 도움에 의지하고 있다.

describe

[diskráib] 디스크라이브 동 **서술하다, 묘사하다**

The teacher described the scene in words.

더 티이쳐 디스크라이브드 더 씨인 인 워-즈

선생님은 그 장면을 말로 묘사하셨다.

desert

[dézərt] 데저-트 명 **사막**

It's very hot in the desert.

잇츠 베리 핫 인 더 데저-트

사막은 매우 덥다.

deserve

[dizə́:rv] 디저브 동 **받을 만하다**

Your painting deserves an award.

유어 페인팅 디저브즈 앤 어워어드

당신의 그림은 상을 받을 만하다.

D

design

[dizáin] 디자인 명 **설계, 도안** 동 **설계하다**

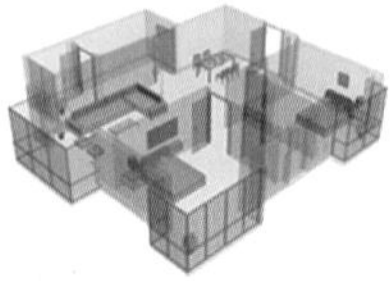

She designed this city.

쉬 디자인드 디스 시티

그녀는 이 도시를 설계했다.

desire

[dizáiər] 디자여 동 **원하다**

He has a desire to be rich.

히 해즈 어 디자여 투 비 리치

그는 부자가 되고 싶은 욕망이 있다.

desk

[désk] 데스크 명 **책상**

There are many desks in the classroom.

데어 아 매니 데스크스 인 더 클래스룸

교실에는 책상이 많다.

dessert

[dizə́:rt] 디저-트 명 **디저트, 후식**

I like ice cream for dessert.

아이 라익 아이스 크림 포어 디저트

나는 디저트로 아이스크림을 좋아한다.

destroy

[distrɔ́i] 디스트로이 동 **파괴하다**

The town was destroyed by fire.

더 타운 워즈 디스트로이드 바이 파이어

그 마을은 화재로 소실되었다.

detail

[ditéil] 디테일 명 **세부, 상세**

Tell me all the details.

텔 미 올 더 디테일즈

모든 세부 사항을 말씀해 주세요.

develop

[divéləp] 디벨럽 동 **발전시키다**

Exercise develops my health

엑서사이즈 디벨럽스 마이 헬쓰

운동은 내 건강을 발달시킨다.

diary

[dáiəri] 다이어리 명 **일기**

Can you write a diary in English.

캔 유 라이트 어 다이어리 인 잉글리쉬

영어로 일기를 쓸 수 있니?

dictionary

[díkʃənèri] 딕셔어리 명 **사전**

Would you lend me your dictionary?

우쥬 렌드 미 유어 딕셔어리

네 사전을 나에게 빌려주겠니?

die

[dái] 다이 동 **죽다**

She died suddenly in an accident.

쉬 다이드 서든리 인 앤 액시던트

그녀는 사고로 갑자기 죽었다.

different

[dífərənt] 디퍼런트 형 **다른**

They have different ideas.

데이 해브 디퍼런트 아이디어즈

그들은 서로 다른 생각을 가지고 있다.

difficult

[dífikʌ̀lt] 디피컬트 형 **곤란한, 어려운**

The math exam is too difficult for me.

더 매쓰 이그잼 이즈 투 디피컬트 포 미

수학 시험은 나에게 매우 어렵다.

dig

[díg] 디그 동 (땅을) 파다

Let's dig a deep hole and plant the tree.

렛츠 딕 어 디잎 호울 앤 플랜트 더 트리

깊은 구덩이를 파고 나무를 심자.

diligent

[dílədʒənt] 딜리전트 형 근면한, 부지런한

The Koreans are diligent people.

더 커리안즈 알 딜리젼트 피플

한국인들은 부지런한 국민이다.

dinner

[dínər] 디너 명 저녁식사, 정찬

What time do you have dinner?

왓 타임 두 유 해브 디너

너는 몇시에 저녁을 먹니?

direct

[dirékt] 디렉트 동 지도하다 형 직선의, 직접적인

The president directs the government

더 프레지던트 디렉츠 더 거버먼트

대통령은 정부를 이끈다.

D

direction

[dirékʃən] 디렉션 명 **방향, 지휘, 지도**

I dont't know which direction to go.

아이 돈트 노우 위치 디렉션 투 고

나는 어느 방향으로 가야 할지 모르겠다.

dirty

[də́:rti] 더-티 형 **더러운, 지저분한**

Take off your dirty clothes.

테잌 오프 유어 더티 클로우즈

더러운 옷을 벗어라.

disappear

[dìsəpíər] 디스어피어 동 **사라지다, 없어지다**

The thief suddenly disappeared.

더 씨프 서든리 디스어피어드

도둑은 갑자기 사라져버렸다.

disappoint

[dìsəpɔ́int] 디스어포인트 동 **실망시키다**

I am sorry to disappoint you.

아이 앰 쏘-리 투 디스어포인트 유

당신을 실망시켜 미안합니다.

discover

[diskʌ́vər] 디스커버 동 **발견하다**

Columbus discovered America.

컬럼버스 디스커버드 어메리커

콜럼버스는 아메리카를 발견했다.

discuss

[diskʌ́s] 디스커스 동 **논의(토론)하다**

They discussed the matter seriously.

데이 디스커스트 더 매터 시어리어슬리

그들은 그 문제에 대해 진지하게 논의했다.

disease

[dizí:z] 디지즈 명 **질병**

It's easy to get disease if you're weak.

잇츠 이지 투 겟 디지즈 이프 유어 윅

몸이 약하면 병에 걸리기 쉽습니다.

dish

[díʃ] 디쉬 명 **접시, 음식**

What is the main dish today?

왓 이즈더 메인 디쉬 투데이

오늘은 주 요리가 무엇인가요?

D

distance

[dístəns] 디스턴스 명 **거리**

What is the distance from here to the hotel?

왓 이즈 더 디스턴스 프럼 히어 투 더 호우텔

여기서 호텔까지 거리가 어떻게 되나요?

divide

[diváid] 디바이드 동 **나누다**

Let's divide the cake into three pieces.

렛츠 디바이드 더 케이크 인투 쓰리- 피시-즈

케이크를 세 조각으로 나누자.

do

[dú:] 두우 동 **~하다(부정문, 의문문, 동사를 강조할 때 쓰임)**

What shall I do next?

왓 쉘 아이 두 넥스트

그다음에 뭘 하면 될까요?

does

[dʌ́z] 더즈 동 **do의 3인칭**

Does she like classical music?

더즈 쉬 라익 클래시컬 뮤직

그녀는 클래식 음악을 좋아하나요?

doll

[dál] 달 명 **인형**

My daughter has a lot of dolls.

마이 도터 해즈 어 랏 어브 달즈

내 딸은 인형을 많이 가지고 있다.

dollar

[dálər] 달러 명 **달러(미국의 화폐단위)**

Just give me five dollar.

져스트 깁 미 파이브 달러

5달러만 줘.

D

door

[dɔ́ːr] 도어 명 **문, 현관, 출입구**

There is someone at the door.

데어 이즈 썸원 앳 더 도어

현관 앞에 사람이 있다.

double

[dʌ́bl] 더벌 형 **두 배의**

Dangerous jobs earn double the salary.

데인저러스 잡스 언 더벌 더 샐러리

위험한 일은 두 배의 월급을 받는다.

down

[dáun] 다운 부 전 **아래쪽에, 아래쪽으로**

Put down your bag.

풋 다운 유어 백

네 가방을 내려 놓아라.

downstairs

[dáunstέərz] 다운스테어스 부 **아래층에**

Is anyone downstairs?

이즈 에니원 다운스테어스

아래층에 누구 있니?

downtown

[dàuntáun] 다운타운 부 **시내로** 명 **시내**

There are many shops in the downtown.

데어 아아 메니 샵스 인 더 다운타운

시내에는 많은 가게들이 있다.

dozen

[dʌ́zn] 더즌 명 형 **12개(의)**

There are a dozen pencils in one case.

데어 아 어 더즌 펜슬즈 인 원 케이스

상자 하나에는 12개의 연필이 있다.

drama

[drá:mə] 드라머 명 드라마, 희곡, 극본

I often watch the historical drama on TV.

아이 오펀 와치 더 히스토리컬 드라머 안 티비

나는 TV에서 사극을 자주 본다.

draw

[drɔ́:] 드로- 동 (그림을)그리다, 끌다, 잡아당기다

This picture was drawn by my son.

디스 픽처 워즈 드론 바이 마이 선

이 그림은 내 아들이 그린 것이다.

dream

[drí:m] 드리임 명 꿈 동 꿈을 꾸다

I had a very scary dream.

아이 해드 어 베리 스케어리 드림

나는 아주 무서운 꿈을 꿨다.

drink

[dríŋk] 드링크 동 마시다

In summer, you need to drink a lot of water.

인 섬머, 유- 니 드 투 드링크 어 랏 어브 워러

여름에는 물을 많이 마시는 것이 필요해.

D

drive

[dráiv] 드라이브 동 **운전하다**

Daddy drives the car carefully.

대디 드라이브즈 더 카 케어플리

아빠는 조심스럽게 차를 운전하신다.

drop

[dráp] 드랍 명 **물방울** 동 **떨어뜨리다**

Mommy dropped a dish and broke it.

마미 드랍트 어 디쉬 앤드 브로우크 잇

엄마가 접시를 떨어뜨려서 깨뜨렸다.

drum

[drʌ́m] 드럼 명 **드럼, 북**

I know how to play a drum.

아이 노우 하우 투 플레이 어 드럼

나는 드럼 치는 법을 안다.

dry

[drái] 드라이 형 **마른, 건조한** 동 **말리다, 마르다**

Dry your hands after washing.

드라이 유어 핸즈 애프터 와싱

씻은 다음에 네 손을 말려라.

dull

[dʌ́l] 덜 형 **무딘, 흐린, 나른한**

This knife is too dull to cut.

디스 나이프 이즈 투 덜 투 컷

이 칼은 너무 무뎌서 자를 수 없다.

during

[djúəriŋ] 듀어링 전 **~동안에**

You can't use your cell phone during class.

유 캔트 유즈 요어 셀 포운 듀어링 클래스

수업 중에는 휴대폰을 사용할 수 없다.

dust

[dʌ́st] 더스트 명 **먼지**

There is a lot of dust on my books.

데어 이즈 어 랏 어브 더스트 안 마이 북스

내 책들 위에 많은 먼지가 있다.

duty

[djúːti] 듀티 명 **의무, 책임**

He is a man of strong duty.

히 이즈 어 맨 어브 스트롱 듀티

그는 의무감이 강한 사람이다.

D

E

each

[íːtʃ] 이-치 대 형 **각각(의)** 부 **각각**

There are three pencils and each has an eraser.

데어 아 쓰리 펜슬즈 앤드 이-치 해즈 언 이레이져

세 개의 연필이 있는데, 각각 지우개가 달려 있다.

eager

[íːgər] 이거 형 **갈망하는, 열심인**

He is always eager to win.

히 이즈 올웨이즈 이거 투 윈

그는 항상 이기기를 갈망한다.

early

[ə́ːrli] 어얼리 부 **일찍, 일찍부터**

I usually get up early.

아이 유줠리 겟 업 어얼리

나는 보통 일찍 일어난다.

earn

[ə́ːrn] 어언 동 **벌다, 획득하다**

She earns a high salary.

쉬 어언즈 어 하이 샐러리

그녀는 월급을 많이 받는다.

earth

[ə́ːrθ] 얼-쓰 명 **지구, 흙, 땅**

The earth is round.

디 얼-쓰 이즈 라운드

지구는 둥글다.

east

[íːst] 이-스트 명 형 **동쪽(의)**

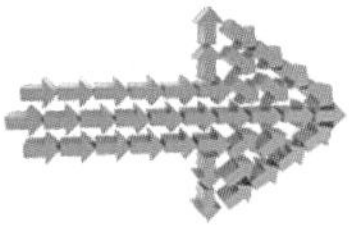

Korea is in the east of Asia.

코리어 이즈 인 디 이스트 어브 에이저

한국은 아시아의 동쪽에 있다.

easy

[íːzi] 이-지 형 **쉬운**

English is easy to learn.

잉글리쉬 이즈 이-지 투- 러언

영어는 배우기 쉽다.

- **easily**
  부 쉽게

eat

[íːt] 이-트 동 **먹다**

- **ate** 과거
- **eaten** 과거분사

I ate three pieces of pizza.

아이 에이트 쓰리 피시즈 어브 피자

난 피자 세 조각을 먹었다.

economy

[[ikánəmi] 이커너미 명 **경제, 절약**

The economy of my house is not good.

디 이카너미 어브 마이 하우스 이즈 낫 굿

우리 집의 경제가 좋지 않다.

educate

[édʒukèit] 에쥬케이트 동 **교육하다**

Books educate people right.

북스 에쥬케이트 피펄 라이트

책은 사람들을 바르게 교육시킨다.

effect

[ifékt] 이펙트 명 **영향, 효과**

Did the medicine have a good effect?

디드 더 메더선 해브 어 굿 이펙트

그 약은 효과가 좋았나요?

egg

[ég] 에그 명 **계란, 달걀**

How do you want your egg?

하우 두 유 원트 유어 에그

계란을 어떻게 하기 원하니?

either

[í:ðər] 이-더 대 접 형 **어느 하나(의)**

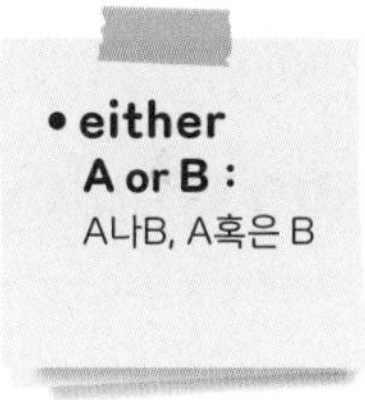

You can either stay or leave.

유 캔 이-더 스테이 오어 리브

당신은 머물거나 떠날 수 있다.

elect

[ilékt] 일렉트 동 **선거하다, 선택하다**

He was elected to be the chairman.

히 워즈 일렉티드 투 비 더 췌어먼

그는 의장으로 선출되었다.

else

[éls] 엘스 부 형 **그 밖에, 다른 방법으로**

Do you want anything else.

두 유 원트 에니씽 엘스

그 밖에 다른 것이 필요합니까?

emotion

[imóuʃən] 이모우션 명 **감정**

He heard the story with deep emotion.

히 허드 더 스토리 위드 딥 이모우션

그는 깊은 감동으로 그 이야기를 들었다.

employ

[implɔ́i] 임플로이 동 **고용하다, ~에 종사하다**

I am employed in a hotel.

아이 앰 임플로이드 인 어 호텔

나는 호텔에서 일하고 있다.

empty

[émpti] 엠티 형 **빈, 비어 있는**

Please remove the empty plates.

플리즈 리무브 디 엠티 플레잇스

빈 접시 좀 치워주세요.

end

[énd] 엔드 동 **끝내다** 명 **끝**

My house is at the end of the street.

마이 하우스 이즈 앳 디 엔드 어브 더 스트릿

우리 집은 길 끝에 있다.

energy

[énərdʒi] 에너지 명 **힘, 에너지**

This car moves with electric energy.

디스 카 무브즈 위드 일렉트릭 에너지

이 차는 전기 에너지로 움직인다.

engine

[éndʒin] 엔진 명 **엔진, 원동기**

This engine runs all day.

디스 엔진 런즈 올 데이

이 엔진은 하루 종일 작동한다.

England

[íŋglənd] 잉글런드 명 **영국**

There is a king in England.

데어 이즈 어 킹 인 잉글런드

영국에는 왕이 있다.

English

[íŋgliʃ] 잉글리쉬 형 **영국의, 영국 사람의** 명 **영어**

English is a common language in the world.

잉글리쉬 이즈 어 카먼 랭귀지 인 더 월드

영어는 세계에서 공통적인 언어이다.

enjoy

[indʒɔ́i] 인죠이 동 **~을 즐기다**

My brother enjoys going to the cinema.

마이 브러더 엔죠이즈 고 잉 투 더 씨네마

형은 영화관에 가는 것을 좋아한다.

enough

[inʌ́f] 이너프 형 **충분한**

Orange juice is enough for everyone to drink.

오어런지 주스 이즈 이너프 포어 에브리원 투 드링크

오렌지 주스는 모든 사람이 마시기에 충분하다.

enter

[éntər] 엔터 동 **들어가다**

Knock before you enter the room.

낙 비포 유 엔터 더 룸

방에 들어오기 전에 노크를 해라.

entrance

[éntrəns] 엔트런스 명 **입구, 입학**

Excuse me, where is the entrance to the hospital?

익스큐즈 미, 웨어 이즈 디 엔트런스 투 더 하스피털

실례합니다, 병원 입구가 어디에 있죠?

equal

[íːkwəl] 이-퀄 형 **평등한, 동일한**

Cut the cake into six equal pieces.

컷 더 케이크 인투 식스 이-퀄 피시즈

케이크를 똑같은 여섯 조각으로 잘라라.

eraser

[iréisər] 이레이서 명 **지우개**

The eraser is used to erase pencil marks.

디 이레이서 이즈 유즈드 투 이레이스 펜슬 마-크스

지우개는 연필 자국을 지우는 데 사용된다.

E

escape

[iskéip] 이스케입 동 **도망가다**

None of them could escape.

넌 어브 뎀 쿠드 이스케입

그들 중 누구도 도망칠 수 없었다.

especially

[ispéʃəli] 이스페셜리 부 **특히**

I am especially interested in science.

아이 앰 이스페셜리 인터어레스티드 인 사이언스

나는 특히 과학에 관심이 많다.

Europe

[júərəp] 유럽 명 **유럽**

I will go to Europe on vacation.

아이 윌 고우 투 유럽 안 베이케이션

나는 휴가 때 유럽에 갈 것이다.

even

[íːvən] 이-븐 부 **~조차도** 형 **평평한**

Even a child can do the work.

이-븐 어 차일드 캔 두 더 웍

그 일은 어린아이도 할 수 있다.

evening

[íːvniŋ] 이-브닝 명 **저녁, 밤**

Would you come to my home this evening?

우쥬 컴 투 마이홈 디스 이-브닝

오늘 저녁에 우리 집에 오시겠습니까?

event

[ivént] 이벤트 명 **행사, 사건, 경기**

The sale is one of the store events.

더 세일 이즈 원 어브 더 스토어 이벤트스

세일은 상점 행사의 하나이다.

ever

[évər] 에버 부 이제까지, 언제나

Have you ever gone to concerts?

해브 유- 에버 고온 투 콘서츠

너 언젠가 연주회에 가본적 있니?

every

[évri] 에브리 형 모든

Every student has to take the exam.

에브리 스튜던트 해즈 투 테잌 디 이그잼

모든 학생은 시험을 치러야 한다.

- **everybody** [évribàdi] 에브리바디 대 여러분, 모든 사람
- **everyday** [évridei] 에브리웨이 형 매일의
- **everything** [évriθìŋ] 에브리씽 대 모든 것
- **everywhere** [évriwer] 에브리웨어 부 어디에나

evil

[íːvəl] 이블 형 사악한, 나쁜 명 악

The man is an evil man.

더 맨 이즈 앤 이벌 맨

그 남자는 사악한 사람이다.

E

exactly

[igzǽktli] 이그잭틀리 부 **정확하게**

I don't know the answer exactly.

아이 도운트 노우 디 앤서 이그잭틀리

정확하게 답을 모르겠다.

example

[igzǽmpl] 이그잼펄 명 **예, 본보기**

Can you give me an example?

캔 유 기브 미 앤 이그잼펄

예를 하나 들어볼래?

excellent

[éksələnt] 엑설런트 형 **훌륭한, 우수한**

Mother's health is excellent.

마덜스 헬쓰 이즈 엑설런트

어머님의 건강은 아주 좋습니다.

except

[iksépt] 익셉트 전 **~을 제외하고**

We go to school everyday except weekends.

위 고 투 스쿠울 에브리데이 익셉트 위켄즈

우리는 주말을 제외하고는 매일 학교에 간다.

exchange

[ikstʃéindʒ] 익스체인지 동 **교환하다, 환전하다**

We exchanged goods at the market.

위 익스체인지드 구즈 앳 더 마켓

우리는 시장에서 물건을 서로 교환했다.

excite

[iksáit] 익사이트 동 **흥분시키다, 자극하다**

Don't excite yourself! Relax!

돈트 익사이트 유어셀프! 릴렉스

흥분하지 마! 긴장을 풀어!

excuse

[ikskjú:z] 익스큐-즈 동 **용서하다** 명 **핑계**

Excuse me.

익스큐-즈 미

실례합니다(=나를 용서해 주세요)

exercise

[éksərsàiz] 엑서사이즈 명 **연습(문제), 운동** 동 **운동하다**

If you don't exercise more, you'll get fat.

이프 유 돈트 엑서사이즈 모어, 유 윌 겟 팻

운동을 좀 더 하지 않으면, 너는 뚱뚱해질 거야.

E

exist

[igzíst] 이그지스트 동 **존재하다, 생존하다**

Humans cannot exist without air.

휴먼즈 캐낫 이그지스트 위다우트 에어

인간은 공기 없이는 존재할 수 없다.

exit

[éksit] 엑싯 명 **출구** 동 **나가다**

The theater has only one exit.

더 씨어터 해즈 오운리 원 엑싯

그 극장은 출구가 하나밖에 없다.

expect

[ikspékt] 익스펙트 동 **기대하다**

My parents expect me to pass the exam.

마이 페어런츠 익스펙트 미 투 패스 디 이그잼

나의 부모님은 내가 시험에 합격하기를 기대하신다.

expensive

[ikspénsiv] 익스펜시브 형 **값비싼**

Daddy's car is very expensive.

대디즈 카 이즈 베리 익스펜시브

아빠의 차는 매우 비싸다.

experience

[ikspíəriəns] 익스피어리언스 동 **경험하다** 명 **경험, 체험**

I had a lot of experience abroad.

아이 해드 어 랏 어브 익스피어리언스 어브로드

나는 해외에서 많은 경험을 했다.

explain

[ikspléin] 익스플레인 동 **설명하다**

Would you explain this question to me?

우쥬 익스플레인 디스 퀘스쳔 투 미

이 질문에 대해 설명해 주시겠습니까?

express

[iksprés] 익스프레스 동 **표현하다** 형 **급행의**

I can't express my opinion in English.

아이 캔트 익스프레스 마이 어피년 인 잉글리쉬

나는 내 의견을 영어로 표현할 수 없다.

extra

[ékstrə] 엑스트러 형 **추가의, 여분의**

Mom, I need some extra money.

맘, 아이 니-드 섬 엑스트러 머니

엄마, 나 여분의 돈이 좀 더 필요해요.

F

face

[féis] 페이스 **얼굴**

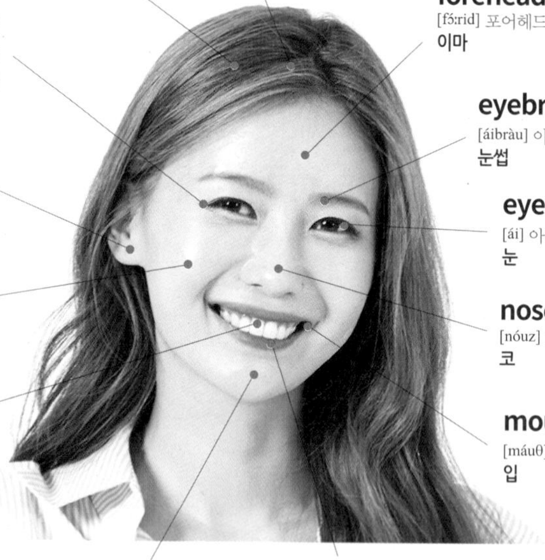

fact

[fǽkt] 팩트 명 **사실**

The novel is based on facts.

더 나벌 이즈 베이스트 안 팩트스

그 소설은 사실에 바탕을 두고 있다.

factory

[fǽktəri] 팩터리 명 **공장**

My friend works in a car factory.

마이 프렌드 웍스 인 어 카 팩터리

내 친구는 자동차 공장에서 일한다.

fail

[féil] 페일 동 **실패하다** 명 **실패**

He will fail the test because he is lazy.

히 윌 페일 더 테스트 비카즈 히 이즈 레이지

그는 게으르기 때문에 시험에 떨어질 것이다.

fair

[fέər] 페어 형 **공정한**

We must have a fair election.

위 머스트 해브 어 페어 일렉션

우리는 공정한 선거를 치러야 한다.

F

fall 1

[fɔ́ːl] 포올 명 **가을**

Fall is my favorite season.

포올 이즈 마이 페이버릿 시즌

가을은 내가 가장 좋아하는 계절이다.

fall 2

[fɔ́ːl] 포올 동 **떨어지다, 넘어지다**

- **fell :** 과거
- **fallen :** 과거분사

The snow is falling.

더 스노우 이즈 폴링

눈이 내리고 있다.

false

[fɔ́ːls] 폴스 형 **잘못된, 거짓의**

He gave me false information.

히 게이브 미 폴스 인포어메이션

그는 나에게 거짓 정보를 주었다.

familiar

[fəmíljər] 퍼밀르여 형 **익숙한, 친밀한**

She has a familiar face.

쉬 해즈 어 퍼밀르여 페이스

그녀는 낯익은 얼굴이다.

family

[fǽməli] 패밀리 명 가족

grandfather
[grǽndfà:ðər] 그랜드파더 **할아버지**

grandmother
[grǽndmʌ̀ðər] 그랜드마더 **할머니**

father
[fà:ðər] 파더 **아버지**

mother
[mʌ́ðər] 머더 **어머니**

son
[sʌ́n] 썬 **아들**

daughter
[dɔ́:tər] 도터 **딸**

grandson
[grǽndsʌ̀n] 그랜드썬 **손자**

granddaughter
[grǽnddɔ̀:tər] 그랜드도터 **손녀**

sister
[sístər] 씨스터 **언니, 누나, 여동생**

brother
[brʌ́ðər] 브라더 **형, 오빠, 남동생**

uncle
[ʌ́ŋkl] 엉클
삼촌, 작은아버지, 고모부, 이모부

aunt
[á:nt] 엔트 **숙모, 작은어머니**

famous

[féiməs] 페이머스 형 **유명한**

He is a famous soccer player.

히 이즈 어 페이머스 사커 플레이어

그는 유명한 축구선수다.

fan

[fǽn] 팬 명 **부채, 선풍기, 팬**

Would you turn on the fan?

우쥬 턴 안 더 팬

선풍기를 켜 주겠니?

far

[fáːr] 파 형 **(장소, 시간이) 먼** 부 **멀리, (형용사, 부사를 강조하여) 매우**

How far is your school from your home?

하우 파- 이즈 유어 스쿠울 프럼 유어 홈

너희 집에서 학교가 얼마나 머니?

fare

[fέər] 페어 명 **요금**

How much is the train fare to Seoul?

하우 머치 이즈 더 트레인 페어 투 소울

서울로 가는 기차값은 얼마입니까?

farm

[fá:rm] 파암 명 **농장, 농원**

My grandparents live on a farm.

마이 그랜드페어런츠 리브 안 어 파암

내 조부모님들은 농장에 사신다.

fashion

[fǽʃən] 패션 명 **유행**

Jungeun always keeps up with the fashion.

정은 올웨이즈 킵스 업 위드 더 패션

정은이는 항상 유행에 보조를 맞춘다.

fast

[fǽst] 패스트 형 **빠른** 부 **빨리**

I ate fast food for lunch.

아이 에잇 패스트 푸드 포어 런치

나는 점심으로 패스트 푸드를 먹었다.

fat

[fǽt] 팻 형 **뚱뚱한**

If you don't exercise more, you'll get fatter soon.

이프 유 돈트 엑서사이즈 모어, 유 윌 겟 패터 순

만약 네가 운동을 더하지 않으면, 너는 곧 뚱뚱해질 거야.

F

fault

[fɔːlt] 폴트 명 **잘못, 과실**

This is not your fault.

디스 이즈 낫 유어 폴트

이건 네 잘못이 아니야.

favorite

[féivərit] 페이버릿 형 **가장 좋아하는**

What is your favorite food?

왓 이즈 유어 페이버릿 푸드

너는 어느 음식을 가장 좋아하니?

fear

[fíər] 피어 명 **두려움** 동 **두려워하다**

I have an extreme fear of bugs.

아이 해브 안 익스트림 피어 어브 버그즈

나는 벌레에 대한 극도의 공포를 가지고 있다.

fee

[fiː] 피– 명 **수수료, 보수, 입장료**

The tuition fee should be paid in advance.

더 트유이션 피- 슈드 비 페이드 인 어드밴스

수업료는 미리 지불해야 한다.

feed

[fíːd] 피-드 동 (먹이를)먹이다, 먹다

Did you feed the dog?

디쥬 피-드 더 도그

너 개에게 먹이를 주었니?

- **fed :** 과거
- **fed :** 과거분사

feel

[fíːl] 피일 동 느끼다, 느껴지다

I feel good today.

아이 필 구드 터데이

난 오늘 기분 좋아.

- **felt :** 과거
- **felt :** 과거분사

feeling

[fíːliŋ] 필링 명 감각, 감정

Your rude words hurt my feelings.

유어 루드 워즈 허트 마이 필링즈

너의 무례한 말에 기분이 상했다.

female

[fíːmeil] 피메일 명 여성 형 여성의

My dog is a female.

마이 도그 이즈 어 피메일

우리집 개는 암컷이다.

F

fence

[féns] 펜스 명 **울타리, 담**

There is a fence around the house.

데어 이즈 어 펜스 어라운드 더 하우스

집 주위에 울타리가 쳐져 있다.

festival

[féstəvəl] 페스티벌 명 **축제**

There are many flower festivals in spring.

데어 아 메니 플라워 페스터벌즈 인 스프링

봄에는 많은 꽃 축제가 있다.

fever

[fíːvər] 피버 명 **발열, 열**

She is sick and has a fever.

쉬 이즈 식 언드 해즈 어 피버

그녀는 아프고 열이 난다.

few

[fjúː] 퓨- 형 **거의 없는**

She has few friends.

쉬 헤즈 퓨- 프렌즈

그녀는 친구가 거의 없다.

field

[fí:ld] 피일드 명 **들, 운동장**

Farmers grow rice in that field.

파-머즈 그로우 라이스 인 댓 피일드

농부들은 저 들에서 벼를 재배한다.

fight

[fáit] 파이트 동 **싸우다** 명 **싸움**

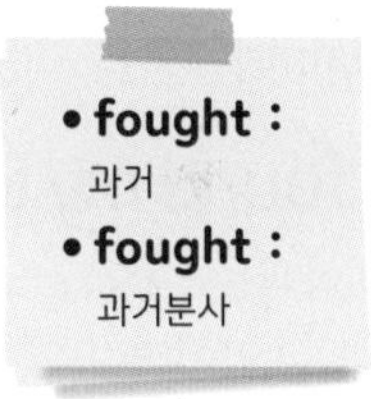

I don't want to fight with you.

아이 돈 원 투 파이트 위드 유

나는 너와 싸우고 싶지 않아.

figure

[fígjər] 피그여 명 **숫자, (물건의) 모양, 모습,**

He collects cartoon character figures.

히 컬렉트스 카툰 케릭터 피그여즈

그는 만화 캐릭터 피규어를 수집한다.

fill

[fíl] 필 동 **채우다**

The basket is filled with oranges.

더 배스킷 이즈 필드 위드 오어런저즈

바구니에 오렌지가 가득 들어있다.

F

finally

[fáinəli] 파이널리 부 **마침내**

He finally became a lawyer.

히 파이널리 비케임 어 로이여

그는 마침내 변호사가 되었다.

find

[fáind] 파인드 동 **발견하다, 생각하다**

I found my lost key under the chair.

아이 파운드 마이 로스트 키- 언더 더 췌어

나는 잃어버린 열쇠를 의자 밑에서 찾았다.

- **found** : 과거
- **found** : 과거분사

fine

[fáin] 파인 형 **좋은, 훌륭한**

Your speech was fine.

유어 스피치 와즈 파인

너의 연설은 괜찮았다.

finish

[fíniʃ] 피니쉬 동 **끝내다**

I have to finish cleaning the house first.

아이 해브 투 피니쉬 클리닝 더 하우스 퍼스트

집 청소를 먼저 끝내야 한다.

fire

[fáiər] 파이어 명 **불, 화재**

There was a big fire yesterday.

데어 워즈 어 빅 파이어 예스터데이

어제 큰 화재가 있었다.

- **fire engine**

  [fáiər éndʒin] 파이어 엔진 명 **소방차**

- **fire fighter(man)**

  [fáiər fáitər] 파이어 파이터(맨) 명 **소방수**

fish

[fíʃ] 피쉬 명 **물고기**

Fish lives in the water.

피쉬 리이브즈 인 더 워터

물고기는 물속에서 산다.

fit

[fít] 핏 형 **알맞은, 적합한** 동 **~에 적합하다**

This coat doesn't fit me.

디스 코트 더즌트 핏 미

이 코트는 나에게 맞지 않는다.

fix

[fíks] 픽스 동 **고치다, 결정하다**

Can you fix my laptop?

캔 유 픽스 마이 랩탑

내 노트북를 고쳐줄 수 있니?

flag

[flǽg] 플랙 명 **깃발**

The Korean flag flutters in the wind.

더 코어리언 플래그 플러터즈 인 더 윈드

태극기가 바람에 펄럭인다.

flash

[flǽʃ] 플래쉬 명 **번쩍임, 섬광** 동 **번쩍 비치다**

The lightning flashed.

더 라이트닝 플래쉬트

번개가 번쩍했다.

flat

[flǽt] 플랫 형 **평평한, 납작한**

The floor of my house is not flat.

더 플로어 어브 마이 하우스 이즈 낫 플랫

우리집 바닥은 편평하지 않다.

flight

[flait] 플라이트 명 날기, 비행기 여행 ,항공편

Do you have your flight ticket?

두 유 해브 유어 플라이트 티켓

비행기 표를 가지고 계십니까?

float

[flóut] 플로우트 동 물에 뜨다, 떠다니다

Many boats floated in the river.

메니 봇츠 플로우터드 인 더 리버

많은 배가 강에 떠 있었다.

flood

[flʌ́d] 플러드 명 홍수, 쇄도

The flood destroyed so many houses.

더 플러드 디스트로이드 소우 메니 하우스즈

홍수로 많은 집이 파괴되었다.

floor

[flɔ́ːr] 플로어 명 바닥, 층

The cat sleeps on the floor.

더 캣 슬립스 안 더 플로어

고양이는 바닥에서 잠을 잔다.

F

flour

[fláuər] 플라워 명 **밀가루**

Bread is usually made from flour.

브레드 이즈 유절리 메이드 프럼 플라워

빵은 보통 밀가루로 만들어진다.

flow

[flóu] 플로우 동 **흐르다**

Most rivers flow into the sea.

모우스트 리버즈 플로우 인투 더 시

대부분의 강은 바다로 흘러들어간다.

flower

[fláuər] 플라워 명 **꽃**

I bought flowers for my mom's birthday.

아이 밧 플라워즈 포 마이 맘즈 버쓰데이

엄마 생일선물로 꽃을 샀다.

fly

[flái] 플라이 동 **날다** 명 **파리**

A bee flew in through the window.

어 비- 플루 인 쓰루 더 윈도우

벌 한 마리가 창문으로 날아 들어왔다.

- **flew :** 과거
- **flown :** 과거분사

focus

[fóukəs] 포우커스 명 **초점, 집중** 동 **집중하다**

She focused her eyes on me.

쉬 포우커스트 허 아이즈 안 미

그녀는 나에게 시선을 집중했다.

fold

[fóuld] 포울드 동 **접다**

Fold the blanket and put it in the closet.

포울드 더 블랭킷 앤드 풋 잇 인 더 클라짓

담요를 접어서 옷장에 넣어라.

follow

[fálou] 팔로우 동 **따라가다, 뒤따르다**

Follow me. I'll show you the way.

팔로우 미. 아윌 쇼 유 더 웨이

저를 따라 오세요. 길을 가르쳐 드릴께요.

fond

[fánd] 판드 형 **좋아하는, 상냥한**

She gave me a fond smile.

쉬 게이브 미 어 판드 스마일

그녀는 나에게 상냥한 미소를 지었다.

F

food

[fú:d] 푸우드 명 **음식**

cake [kéik] 케익
케이크

spaghetti [spəgéti] 스퍼게티
스파게티

pizza [pí:tsə] 핏자
피자

Steak [steik]
스테익 **스테이크**

pepper [pépər] 페퍼
후추

beef stew [bí:f stju:] 비프 스투
쇠고기 스튜

ice cream [áiskrìːm] 아이스크림
아이스크림

sushi [súːʃi] 수쉬
스시

cookie [kúki] 쿠키
쿠키

fried potato [fràid pətéitou]
프라이드 퍼테이토우
감자튀김

salad [sǽləd] 샐러드
샐러드

sandwich [sǽndwitʃ] 샌뒤치
샌드위치

soup [súːp] 숩 **스프**

doughnut [dóunət] 도우넛
도너츠

fool

[fú:l] 푸울 명 **바보, 멍청이**

Don't act like a fool!

돈트 액트 라잌 어 푸울

바보처럼 행동하지마.

for

[fɔ́:r] 포– 전 **~을 위하여, ~에 대하여, ~관하여, ~동안**

Let's go out for shopping.

렛츠 고우 아웃 포어 샤핑

쇼핑하러 나가자.

force

[fɔ́:rs] 포어스 형 **힘, 체력**

The force of nature is great.

더 포어스 어브 네이쳐 이즈 그레이트

자연의 힘은 위대하다.

foreign

[fɔ́:rən] 포–런 형 **외국의, 외국산의**

English is a foreign language.

잉글리쉬 이즈 어 포런 랭귀지

영어는 외국어다.

forest

[fɔ́:rist] 포-리스트 명 숲

Many bears live in that forest.

메니 베어즈 리브 인 댓 포-리스트

저 숲 속에는 많은 곰들이 산다.

forever

[fərévər] 퍼레버 부 영원히

I'll remember you forever.

아윌 리멤버 유 퍼레버

당신을 영원히 기억할게요.

forget

[fərgét] 퍼겟 동 잊다

- **forgot** : 과거형
- **forgotten** : 과거분사

Don't forget to call me.

돈트 퍼겟 투 콜 미

나에게 전화하는 것을 잊지마라.

forgive

[fərgív] 퍼기브 동 용서하다

I can never forgive you.

아이 캔 네버 퍼기브 유

나는 너를 절대 용서못한다.

fork

[fɔ́:ək] 포-크 명 **포크**

Don't eat food with your fingers. Use a fork.

돈트 이잇 푸드 위드 유어 핑거즈. 유즈 어 포크

손가락으로 음식을 먹지 마라. 포크를 사용해.

form

[fɔ́:rm] 폼 명 **형태, 모양, 양식**

Please answer according to this form.

플리즈 앤서 어코어딩 투 디스 폼

이 양식대로 답변해주세요.

formal

[fɔ́:rməl] 포어멀 형 **공식적인, 정식의**

He retired by formal procedures.

히 리타이어드 바이 포어멀 프러시저즈

그는 정식 절차에 따라 퇴직했다.

fortune

[fɔ́:rtʃən] 포어천 명 **운, 행운, 재산**

I had the good fortune to see it.

아이 해드 더 굿 포어천 투 시 잇

나는 운 좋게도 그것을 보았다.

forward

[fɔ́:rwərd] 포-워드 부 **앞쪽으로, 자진해서**

We marched forward to the camp.

위 마취트 포-워드 투 더 캠프

우리는 야영장을 향해서 행진했다.

- **look forward to :**
  ~을 기대하다

found

[fáund] 파운드 동 **~에 기초를 두다, 설립하다**

The company was founded last year.

더 컴퍼니 워즈 파운디드 래스트 이어

그 회사는 작년에 설립되었다.

fox

[fáks] 팍스 명 **여우**

People believe the fox is clever.

피플 빌리브 더 팍스 이즈 클레버

사람들은 여우가 영리하다고 믿는다.

France

[frǽns] 프랜스 명 **프랑스**

What is France famous for?

왓 이즈 프랜스 페이머스 포-

프랑스는 무엇으로 유명하니?

F

free

[fríː] 프리– 형 **자유로운, 무료의**

Help yourself. It's all free.

헬프 유어셀프 잇츠 올 프리

마음껏 드세요. 다 무료예요.

freeze

[fríːz] 프리–즈 동 **얼다, 얼게 하다**

- **froze :** 과거
- **frozen :** 과거분사

It's freezing today.

잇츠 프리징 투데이

오늘은 얼 것처럼 춥다.

fresh

[fréʃ] 프레쉬 형 **신선한, 상쾌한, 생기 있는**

Everything looked fresh after the rain.

에브리씽 룩트 프레쉬 에프터 더 뤠인

비 온 후에 모든 것이 싱싱하게 보였다.

friend

[frénd] 프렌드 명 **친구**

Jinsoo is my best friend.

진수 이즈 마이 베스트 프렌드

진수는 나의 가장 친한 친구다.

• **friendly**

[fréndli] 프렌들리 형 **친한, 정다운**

• **friendship**

[fréndʃip] 프렌드쉽 명 **우정**

frog

[frɔ́:g] 프로-그 명 **개구리**

Can you hear the frogs croak?

캔 유 히어 더 프로-그즈 크로우크

너 개구리 우는 소리 들리니?

from

[frəm] 프럼 전 **~에서, ~로부터**

Wine is made from grapes.

와인 이즈 메이드 프럼 그레입스

포도주는 포도로 만든다.

front

[frʌ́nt] 프런트 명 **앞(쪽)** 형 **정면의, 앞의**

There is a library in front of the school.

데어 이즈 어 라이브러리 인 프론트 어브 더 스쿠울

학교 앞에 도서관이 있다.

F

fruit

[frúːt] 푸루-트 명 **과일**

strawberry [strɔ́ːbèri]
스트로베어리 **딸기**

banana [bənǽnə] 버내너
바나나

melon [mélən] 멜런
멜론

grape [gréip] 그레입프
포도

pineapple [painǽpəl]
파이내펄 **파인애플**

pear [pɛər] 페어 **배**

apple [ǽpl] 애플
사과

peach [píːʧ] 피치
복숭아

orange [ɔ́rindʒ] 오어린지
오렌지

mango [mǽŋgou] 맹고우
망고

watermelon [wɔ́tərmèlən]
워터멜런 **수박**

persimmon [pəːrsímən]
퍼시먼 **감**

cherry [ʧéri] 체어리
체리

lemon [lémən] 레먼
레몬

F

fry

[frái] 프라이 동 **기름에 튀기다**

Shall we fry fish for dinner?

쉘 위 프라이 더 피쉬 포 디너

저녁으로 생선을 튀길까요?

fuel

[fjúːəl] 퓨-얼 명 **연료**

We are out of fuel.

위 아 아웃 어브 퓨-얼

우리는 연료가 떨어졌다.

full

[fúl] 풀 형 **가득 찬**

I'm so full that I can't eat anymore.

아임 소우 풀 댓 아이 캔트 잇 에니모어

배가 너무 불러서 더 이상 먹을 수가 없다.

fun

[fʌ́n] 펀 명 **재미(있는 일)**

Did you have fun at the party?

디쥬 해브 펀 앳 더 파-티

파티에서 재미있었니?

funny

[fʌ́ni] 퍼니 형 **재미있는**

He often tells funny jokes.

히 오펀 텔즈 퍼니 조욱스

그는 종종 우스운 농담을 한다.

function

[fʌ́ŋkʃən] 펑션 명 **기능, 역할**

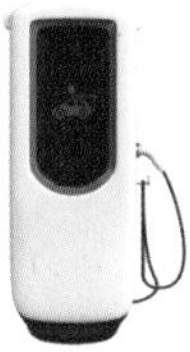

This machine has many functions.

디스 머쉰 해즈 메니 펑션즈

이 기계에는 많은 기능이 있다.

furniture

[fə́:rnitʃər] 퍼니쳐 명 **가구**

There is a lot of furniture in my house.

데어 이즈 어 랏 어브 퍼니처 인 마이 하우스

우리 집에는 가구가 많다.

future

[fjú:tʃər] 퓨쳐 명 **미래**

I will be a singer in the future.

아이 윌 비 어 싱어 인 더 퓨처

나는 미래에 가수가 될 것이다.

F

G

gain

[géin] 게인 동 **얻다, 획득하다**

She finally gained an A in her final exam.

쉬 파이널리 게인드 언 에이 인 허 파이널 이그잼

그녀는 기말고사에서 마침내 A를 받았다.

game

[géim] 게임 명 **놀이, 게임**

Would you like to play a card game?

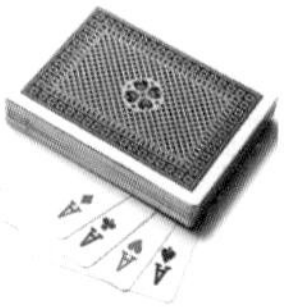

우쥬 라잌 투 플레이 어 카-드 게임

카드 게임 하시겠어요?

garden

[gá:rdn] 가-든 명 **정원, 뜰, 마당**

We grow some vegetables in the garden.

위 그로 섬 베지터벌즈 인 더 가-든

우리는 정원에 약간의 채소를 기른다.

gas

[gǽs] 개스 명 **가스**

Mom turned on the gas stove for cooking.

맘 턴드 안 더 개스 스토우브 포 쿠킹

엄마는 요리를 하려고 가스 난로를 켰다.

gate

[géit] 게이트 명 **문**

We will meet at the zoo gate tomorrow.

위 윌 밋 앳 더 주 게이트 투마아로우

우리는 내일 동물원 출입문에서 만날 것이다.

gather

[gǽðər] 개더 동 **모으다**

People gathered to watch the fireworks.

피펄 개더드 투 와치 더 파이어웍스

사람들이 불꽃놀이를 보기 위해 모여들었다.

general

[dʒénərəl] 제너럴 형 **일반적인** 명 **장군**

The general opinion is that he is funny.

더 제너럴 어피년 이즈 댓 히 이즈 퍼니

그는 재미있다는 것이 일반적인 의견이다.

G

gentle

[dʒéntl] 젠틀 형 **점잖은, 상냥한**

He is a the most gentle man in our company.

히 이즈 어 더 모우스트 젠털 맨 인 아우어 컴퍼니

그는 우리 회사에서 가장 온화한 사람이다.

geography

[dʒiágrəfi] 지아그러피 명 **지리, 지리학**

Tom likes geography and math.

탐 라익스 지아그러피 언드 매쓰

톰은 지리와 수학을 좋아한다.

Germany

[dʒə́ːrməni] 져-머니 명 **독일**

Berlin is the capital of Germany.

버어린 이즈 더 캐퍼틀 어브 져-머니

베를린은 독일의 수도이다.

get

[gét] 겟 동 **얻다, ~이 되다, ~하게 하다**

I got a job with difficulty.

아이 갓 어 잡 위드 디퍼컬티

나는 어렵게 취직했다.

ghost

[góust] 고스트 명 **유령, 영혼**

I don't believe in ghosts.

아이 도운트 빌리브 인 고우스트스

나는 귀신을 믿지 않는다.

gift

[gíft] 기프트 명 **선물**

This is a gift for my sister.

디스 이즈 어 기프트 포 마이 시스터

이것은 내 여동생을 위한(에게 줄) 선물이야.

girl

[gə́:rl] 거얼 명 **소녀**

There are more girls than boys in my class.

데어 아 모어 거얼즈 댄 보이즈 인 마이 클래스

우리 반에는 남자 아이들보다 여자 아이들이 더 많다.

give

[gív] 기브 동 **주다**

Can you give me the book on the desk?

캔 유 기브 미 더 북 안 더 데스크

책상 위에 있는 책을 나에게 주겠니?

- **gave** : 과거
- **given** : 과거분사

glad

[glæd] 글래드 형 **즐거운, 기쁜**

I'm glad to meet you.

아임 글래드 투 밋 유

너를 만나서 기뻐.

glass

[glæs] 글래스 명 **유리, 유리잔, 안경(복수형-glasses)**

I forgot where I'd put my glasses.

아이 퍼갓 웨어 아이드 풋 마이 글래시즈

나는 안경을 어디에 두었는지 잊어버렸다.

global

[glóubəl] 글로벌 형 **세계적인**

He is a global scientist.

히 이즈 어 글로벌 사이언티스트

그는 세계적인 과학자다.

gloomy

[glú:mi] 글루미 형 **어두운, 음침한**

Gloomy weather makes me depress.

글루미 웨더 메익스 미 디프레스

음침한 날씨는 나를 우울하게 만든다.

go

[góu] 고우 동 **가다, 진행되다**

Where are you going?

웨어 아 유 고잉

너 어디 가니?

- **went** : 과거
- **gone** : 과거분사

goal

[góul] 고울 명 **목표, (운동경기의) 골**

He did his best to reach his goal.

히 디드 히즈 베스트 투 리치 히즈 고울

그는 목표에 도달하기 위해 최선을 다했다.

god

[gád] 갓 명 **신, (God)하나님**

The ancient Greeks had many Gods.

디 에인션트 그리익스 해드 메니 갓즈

고대 그리스 사람들은 많은 신들을 가지고 있었다.

gold

[góuld] 고울드 명 **황금**

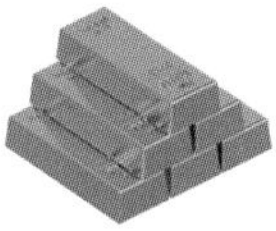

My mommy's ring is made of gold.

마이 마미스 링 이즈 메이드 어브 고울드

엄마의 반지는 금으로 만들어졌다.

G

goldfish

[góuldfìʃ] 골드피쉬 명 **금붕어**

I give daily feed to goldfish.

아이 기브 데일리 피드 투 고울드피쉬

금붕어에게 매일 먹이를 준다.

good

[gúd] 굿 형 **좋은**

- **better** : 비교급
- **best** : 최상급

She is such a good teacher.

쉬 이즈 서치 어 굿 티처

그녀는 정말 좋은 선생님이다.

goodbye

[gùdbái] 굿바이 형 **안녕(헤어질 때 하는 인사말)**

Goodbye, everybody.

굿바이, 에브리바디

잘 가요, 여러분

goods

[gúdz] 구즈 명 **상품, 물건**

This store sells all of Kitty's goods.

디스 스토어 셀즈 올 어브 키티즈 구즈

이 가게는 키티의 모든 상품을 판다.

government

[gʌ́vərnmənt] 거번먼트 명 **정부, 정치**

We have a new government every five years.

위 해브 어 뉴 거번먼트 에브리 파이브 이어즈

우리는 5년마다 새 정부가 시작된다.

grade

[gréid] 그레이드 명 **학년, 등급, 단계**

I'm in the third grade.

아임 인 더 써-드 그레이드

나는 3학년이다.

graduate

[grǽdʒuət] 그래주에잇트 동 **졸업하다**

My son graduated from college this year.

마이 선 그래주에이티드 프럼 칼리지 디스 이어

아들이 올해 대학을 졸업했다.

grand

[grǽnd] 그랜드 형 **광대한, 웅장한**

The business will produce grand results.

더 비즈너스 윌 프러두스 그랜드 리절트스

그 사업은 대단한 성과를 낼 것이다.

grass

[grǽs] 그래스 명 **풀, 잔디**

Keep off the grass.

킵 어프 더 그래스

잔디 밭에 들어가지 마시오.

great

[gréit] 그레이트 형 **큰, 훌륭한, 위대한**

Mozart was a great musician.

모우자아트 워즈 어 그레이트 뮤지션

모차르트는 위대한 음악가였다.

greet

[grí:t] 그리트 동 **인사하다, 환영하다**

She greets her guests with pleasure.

쉬 그릿스 허 게스트스 윋 플레저

그녀는 손님들을 반갑게 맞이한다.

grocery

[gróusəri] 그로우서리 명 **식료품점**

Where is the nearest grocery store?

웨어 이즈 더 니어리스트 그로우서리 스토어

가장 가까운 식품점이 어디에 있죠?

ground

[gráund] 그라운드 명 **땅, 운동장**

Don't leave your bags on the wet ground.

도운트 리브 요어 배그즈 안 더 웻 그라운드

젖은 땅 위에 가방을 두지 마라.

group

[grú:p] 그루웁 명 **무리, 모임, 단체**

The class was divided into three groups.

더 클래스 워즈 디바이디드 인투 쓰리 그루웁스

학급생들은 세 무리로 나뉘어졌다.

grow

[gróu] 그로우 동 **자라다, 재배하다**

She grows roses in her garden.

쉬 그로우즈 로우지즈 인 허 가아던.

그녀는 그의 정원에서 장미를 키운다.

- **grew** : 과거
- **grown** : 과거분사

G

guard

[gá:rd] 가-드 동 **지키다** 명 **경비원**

The house is guarded by six guards.

더 하우스 이즈 가-디드 바이 식스 가-즈

그 집은 여섯 명의 경비원에 의해 지켜진다.

guess

[gés] 게스 동 **추측하다, 짐작하다**

I guessed the answer to the question.

아이 게스트 디 앤서 투 더 퀘스천

나는 그 문제의 정답을 추측해봤다.

guest

[gést] 게스트 명 **(집에 찾아온)손님**

Twenty guests came for the party.

트웬티 게스츠 케임 포- 더 파-티

20명의 손님이 파티에 왔다.

guide

[gáid] 가이드 동 **안내하다** 명 **안내자**

I know the way. Let me guide you.

아이 노우 더 웨이. 렛 미 가이드 유-

내가 길을 알아. 내가 안내할게.

guilty

[gílti] 길티 명 **유죄의, 죄책감이 드는**

I felt guilty for lying to my mother.

아이 펠트 길티 포어 라이잉 투 마이 머더

나는 엄마에게 거짓말을 한 것에 대해 죄책감을 느꼈다.

guitar

[gitáːr] 기타– 명 (악기)기타

Can you play the guitar?

캔 유 플레이 더 기타

너 기타 연주할 수 있니?

gun

[gʌ́n] 건 명 총

The cowboy quickly pulled out the gun.

더 카우보이 퀴클리 풀드 아웃 더 건

그 카우보이는 재빨리 총을 뽑았다.

guy

[gai] 가이 명 사람, 남자, 친구

My best friend is a really nice guy.

마이 베스트 프렌드 이즈 어 리얼리 나이스 가이

내 가장 친한 친구는 정말 좋은 녀석이야.

gym

[dʒím] 짐 명 체육관

I exercise at the gym everyday.

아이 엑서사이즈 앳 더 짐 에브리데이

나는 매일 헬스장에서 운동을 한다.

G

H

habit

[hǽbit] 해빗 명 **습관, 버릇**

It is a good habit to going to bed early.

잇 이즈 어 굿 해빗 투 고잉 투 베드 어얼리

일찍 자는 것은 좋은 습관이다.

half

[hǽf] 하프 명 **절반** 부 **반쯤**

I've already eaten half of the bread.

아이브 올레디 이턴 하프 어브 더 브레드

나는 이미 빵의 반을 먹었다.

hall

[hɔ́:l] 홀 명 **강당, 공연장, 홀**

The concert was held in the music hall.

더 컨서-트 워즈 헬드 인 더 뮤직 홀

그 콘서트는 음악당에서 열렸다.

hammer

[hǽmər] 해머 명 **망치**

Can I use your hammer?

캔 아이 유즈 유어 해머

네 망치 좀 써도 될까?

handle

[hǽndl] 핸들 명 **손잡이** 동 **다루다**

Turn the handle to open the door.

터언 더 핸들 투 오-픈 더 도어

문을 열려면 손잡이를 돌려라.

handsome

[hǽnsəm] 핸섬 형 **잘생긴**

He is a very handsome young man.

히 이즈 어 베리 핸섬 영 맨

그는 매우 잘생긴 청년이야.

hang

[hǽŋ] 행 동 **걸다, 매달다**

The pictures were hanging on the wall.

더 픽처즈 워 행잉 안 더 월

그림들이 벽에 걸려 있었다.

happen

[hǽpən] 해펀 동 (사건 따위가) 일어나다, 발생하다

Traffic accidents can happen at anytime.

트래픽 액시던츠 캔 해펀 앳 에니타임

교통사고는 언제라도 일어날 수 있다.

happy

[hǽpi] 해피 형 행복한, 기쁜

I'm very happy to receive your letter.

아임 베리 해피 투 리시-브 유어 레터

네 편지를 받아서 아주 기뻐.

hard

[háːrd] 하-드 형 딱딱한, 튼튼한, 어려운 부 열심히

The teacher asked a hard question.

더 티처 애스크트 어 하-드 퀘스천

선생님은 어려운 질문을 했다.

hardly

[háːrdli] 하들리 부 거의 ~않다

They are hardly to win the game.

데이 아 하들리 투 윈 더 게임

그들은 그 경기에서 이기기 힘들다.

harm

[há:rm] 함 명 해, 손해 동 해치다

Too much gaming harms teenagers.

투 머치 게이밍 함즈 티네이저즈

너무 많은 게임은 십대들에게 피해를 준다.

has

[hǽz] 해즈 동 have의 3인칭 단수

She has many talents.

쉬 해즈 메니 탤런트스

그녀는 많은 재능을 가지고 있다.

hate

[héit] 헤이트 동 미워하다, 싫어하다

Cats and dogs hate each other.

캣스 앤드 도그즈 헤이트 이치 아더

고양이와 개는 서로를 싫어한다.

have

[hǽv] 해브 동 가지다, 시키다, ~하게하다, 먹다

I have two books.

아이 해브 투 북스

나는 책 두권을 가지고 있다.

- **had :** 과거
- **had :** 과거분사

he

[hí:] 히- 대 그는(가)(인칭대명사, 3인칭 단수 남성, 주격)

He is my brother.

히- 이즈 마이 브라더

그는 나의 형이다.

headache

[hédèik] 헤드에잌 명 두통, 골칫거리

She sometimes has a headache.

쉬 섬타임즈 해즈 어 헤드에잌

그녀는 가끔 머리가 아프다.

health

[hélθ] 헬쓰 명 건강

My grandfather is in good health.

마이 그랜드파더 이즈 인 굿 헬쓰

우리 할아버지는 건강하다.

hear

[híər] 히어 동 듣다, 들리다

I couldn't hear what he was saying.

아이 쿠든트 히어 왓 히 워즈 세이잉

나는 그가 무슨 말을 하는지 들을 수 없었다.

heart

[há:rt] 하-트 명 **심장, 마음**

She has a warm heart.

쉬 해즈 어 워엄 하-트

그녀는 따뜻한 마음을 가지고 있다.

heat

[hí:t] 히-트 명 **열, 더위**

I can't walk about in this heat.

아이 캔트 워-크 어바웃 인 디스 히-트

나는 이런 더위에서는 돌아다닐 수 없다.

heaven

[hévən] 해번 명 **천국, 하늘**

May her soul rest in heaven.

메이 허 소울 레스트 인 헤번

그녀의 영혼이 천국에서 잠들기를.

heavy

[hévi] 헤비 형 **무거운**

This bag is too heavy for me to lift.

디스 백 이즈 투 헤비 포 미 투 리프트

이 가방은 내가 들기에는 너무 무겁다.

heel

[híːl] 히일 명 **발 뒤꿈치, (신발의)뒤축**

She wears high heels.

쉬 웨어즈 하이 히일즈

그녀는 굽이 높은 신발을 신었다.

height

[háit] 하이트 명 **높이**

What is the height of Mount Everest?

왓 이즈 더 하이트 어브 마운트 에버러스트

에베레스트 산의 높이는 얼마인가요?

hello

[helóu] 헬로우 감 **여보세요, 안녕, 야**

Hello, Eunhee! How are you?

헬로우 은희! 하우 아 유

은희야 안녕 , 잘 지내니?

help

[hélp] 헬프 동 **돕다** 명 **도움**

Could you help me with my homework?

쿠드 유 헬프 미 위드 마이 홈워-크

내 숙제를 도와줄 수 있니?

her

[hə́:r] 허- 대 그녀의(she의 소유격), 그녀를(she의 목적격)

Have you ever seen her?

해브 유 에버 시인 허-

그녀를 본 적 있니?

here

[híər] 히어 부 여기에(서) 명 여기, 이 곳

The pharmacy is a mile from here.

더 파아머시 이즈 어 마일 프럼 히어

약국은 여기서 1마일 떨어져 있다.

hero

[híərou] 히어로 명 영웅

Dad is my hero.

대드 이즈 마이 히어로

아빠는 나의 영웅이다.

herself

[hərsélf] 허셀프 대 그녀 자신

She introduced herself.

쉬 인트러두스트 허셀프

그녀는 자기 자신을 소개했다.

hide

[háid] 하이드 동 **감추다, 숨다**

I hid the broken plate in the drawers.

아이 히드 더 브로-큰 플래이트 인 더 드로- 어즈

나는 깨진 접시를 서랍 안에 숨겼다.

- **hid :** 과거
- **hidden :** 과거분사

high

[hái] 하이 형 **높은**

This building is very high.

디스 빌딩 이즈 베리 하이

이 건물은 매우 높다.

highway

[háiwèi] 하이웨이 명 **고속도로**

This road leads to the highway.

디스 로우드 리즈 투 더 하이웨이

이 길은 고속도로로 통한다.

hiking

[háikiŋ] 하이킹 명 **하이킹, 도보 여행**

Let's go hiking.

렛츠 고- 하이킹

하이킹 가자.

hill

[hál] 힐 명 언덕

The house stands on a hill.

더 하우스 스탠즈 안 어 힐

그 집은 언덕 위에 서 있다.

him

[hím] 힘 대 그를, 그에게(he의 목적격)

She gave a watch to him.

쉬 게이브 어 와취 투 힘

그녀는 그에게 시계를 주었다.

himself

[himsélf] 힘셀프 대 그 자신, 그 자신을

He cleaned the house himself.

히 클린드 더 하우스 힘셀프

그는 집을 직접 청소했다.

hip

[híp] 힙 명 엉덩이

Put your hands on your hips.

풋 유어 핸즈 안 유어 힙스

손을 엉덩이에 얹으세요.

hire

[háiər] 하여드 동 **고용하다**

The company hired a lot of people.

더 컴퍼니 하여드 어 랏 어브 피펄

그 회사는 많은 사람들을 고용했다.

his

[híz] 히즈 대 **그의** 형 **그의 것(소유격)**

His son is very smart.

히즈 썬 이즈 베리 스마트

그의 아들은 매우 똑똑하다.

history

[hístəri] 히스터리 명 **역사, 경력, 유래**

This tower has a long history.

디스 타워 해즈 어 롱 히스터리

이 탑은 오랜 역사를 가지고 있다.

hit

[hít] 힛 동 **치다, 때리다** 명 **타격**

He hit me in the stomach.

히 힛 미 인 더 스터먹

그는 내 배를 쳤다.

hobby

[hábi / hɔ́bi] 하비 명 **취미**

Do you have any hobbies?

두 유 해브 에니 하비즈

취미가 뭐예요?

hold

[hóuld] 호울드 동 **잡다, 가지다** 명 **잡기**

I want to hold your hand.

아이 원 투 호울드 유어 핸드

네 손을 잡고 싶어.

- **held** : 과거
- **held** : 과거분사

hole

[hóul] 호울 명 **구멍**

Birds make houses in tree holes.

버즈 메익 하우스즈 인 트리 호울즈

새들은 나무구멍에 집을 만든다.

holiday

[hálədèi] 할러데이 명 **휴일, 휴가**

He overslept every holiday morning.

히 오우버슬렙트 에브리 할러데이 모닝

그는 휴일 아침마다 늦잠을 잤다.

home

[hóum] 홈 명 **집, 가정**

I left my glasses at home.

이 레프트 마이 글래시즈 앳 홈

나는 집에 안경을 두고 왔다.

homework

[hóumwə̀ːrk] 호움워-크 명 **숙제**

Finish your homework before dinner.

피니쉬 유어 호움워-크 비포어 디너

저녁 먹기 전에 숙제를 끝내라.

honest

[ánist] 어너스트 형 **정직한**

She is always honest.

쉬 이즈 올웨이즈 어너스트

그녀는 언제나 정직하다.

honour

[ánər] 아너 명 **명예, 경의, 존경**

It is a great honor to receive the medal.

잇 이즈 어 그레이트 아너 투 러시브 더 메덜

메달을 받게 되어 매우 영광이다.

hope

[hóup] 홉프 동 **바라다, 희망하다** 명 **희망, 바람**

I hope you will come soon.

아이 홉프 유 윌 컴 수운

네가 빨리 오기를 바란다.

horrible

[hɔ́:rəbl] 호어러벌 형 **끔찍한, 무서운**

The movie was really horrible.

더 무비 워즈 리얼리 호어러벌

그 영화는 정말 끔찍했다.

horse

[hɔ́:rs] 홀–스 명 **말**

I'm learning to ride a horse.

아임 러–닝 투 라이드 어 홀–스

나는 승마를 배우고 있다.

hospital

[háspitl] 하스피틀(털) 명 **병원**

Doctors and nurses work in hospitals.

닥터즈 언드 너서즈 웍 인 하스피틀즈

의사와 간호사는 병원에서 일한다.

hot

[hát] 핫 형 **더운, 뜨거운, 매운**

The tea is too hot to drink.

더 티 이즈 투 핫 투 드링크

이 차는 마시기에는 너무 뜨겁다.

hotel

[houtél] 호우텔 명 **호텔, 숙박업소**

People stay in a hotel when they travel.

피펄 스테이 인 어 호우텔 웬 데이 트래벌

사람들은 여행할 때 호텔에 머무른다.

hour

[áuər] 아워 명 **시간, 시각, 때**

There are 24 hours in a day.

데어 아 트웬티포어 아워즈 인 어 데이

하루는 24시간이다.

house

[háus] 하우스 명 **집**

I can't find his house.

아이 캔트 파인드 히즈 하우스

나는 그의 집을 찾을 수 없다.

H

how

[háu] 하우 부 **어떻게, 어느 만큼, 어느 정도**

How can I get to Seoul Station?

하우 캔 아이 겟 투 서울 스테이션

서울역에 어떻게 갑니까?

however

[hauévər] 하우에버 부 **아무리~일지라도, 아무리~라도(하더라도)**

However tired you may be, you must do it.

하우에버 타이어드 유 메이 비, 유 머스트 두 잇

아무리 피곤해도 그것을 해야만 된다.

hug

[hʌ́g] 허그 동 **껴안다** 명 **포옹**

The two sisters hugged each other.

더 투 시스터즈 허그드 이치 아더

두 자매는 서로 부둥켜안았다.

huge

[hjúːdʒ] 휴-즈 형 **거대한**

The elephant is a huge animal.

디 엘러펀트 이즈 어 휴-즈 애너멀

코끼리는 거대한 동물이다.

human

[hjúːmən] 휴먼 형 **사람의** 명 **인간, 인류**

Humans cannot live without air.

휴먼즈 캔낫 리브 윗아우트 에어

인간은 공기 없이는 살 수 없다.

humble

[hʌ́mbl] 험벌 형 **겸손한, 초라한**

He has a lot, but he is always humble.

히 해즈 어 랏, 벗 히 이즈 올웨이즈 험벌

그는 가진 것이 많지만 항상 겸손하다.

humor

[hjúːmər] 휴머 명 **유머**

He has a sense of humor.

히 해즈 어 센스 어브 휴머

그는 유머 감각이 있다.

hungry

[hʌ́ŋgri] 헝그리 형 **배고픈**

Have this food if you're hungry.

해브 디스 푸-드 이프 유어 헝그리

배고프면 이 음식을 먹어라.

hunt

[hʌ́nt] 헌트 동 **사냥하다** 명 **사냥, 추적, 탐색**

We are going to hunt rabbits tomorrow.

위 아 고잉 투 헌트 래비츠 터마로우

우리는 내일 토끼 사냥을 할 것이다.

hurry

[hə́:ri] 허-리 동 **서두르다** 명 **서두름, 급박**

Hurry up, or you'll be late.

허-리 업, 오어 유 윌 비 레이트

서둘러, 아니면 너는 늦는다.

hurt

[hə́:rt] 허-트 동 **다치게 하다, 손상시키다, 아프다**

- **hurt** : 과거
- **hurt** : 과거분사

My leg is still hurting.

마이 렉 이즈 스틸 허-팅

다리가 아직도 아프다.

husband

[hʌ́zbənd] 허즈번드 명 **남편**

Have you met her husband?

해브 유 맷 허 허즈번드

그녀의 남편을 만난 적이 있어요?

I

I

[ái] 아이 대 **나는, 내가**

I am very tired.

아이 앰 베리 타이어드

나는 매우 피곤하다.

ice

[áis] 아이스 명 **얼음**

I want to drink ice water.

아이 원트 투 드링크 아이스 워터

나는 얼음물을 마시고 싶다.

idea

[aidíːə] 아이디어 명 **생각, 의견**

She has a lot of ideas.

쉬 해즈 어 랏 어브 아이디어즈

그녀는 많은 아이디어를 가지고 있다.

I

if

[if] 이프 접 **(만약)~이라면, 비록 ~일지라도**

If you will help, we'll finish sooner.

이프 유 윌 헬프 위일 피니쉬 수너

만일 거들어 주신다면(일이) 더 빨리 끝나겠습니다만.

ignore

[ignɔ́:r] 이그노어 동 **무시하다**

She ignores me every time.

쉬 이그노어즈 미 에브리 타임

그녀는 매번 나를 무시한다.

ill

[íl] 일 형 **병든**

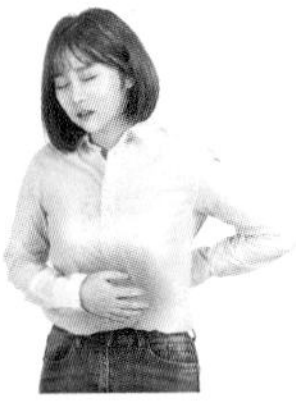

She's ill, so she can't come.

쉬즈 일, 소 쉬 캔트 컴

그녀는 아파서 올 수 없다.

imagine

[imǽdʒin] 이매진 동 **상상하다**

I can't imagine his wealth.

아이 캔트 이매진 히즈 웰쓰

나는 그의 재력을 상상할 수도 없다.

imitate

[ímətèit] 이머테이트 동 **모방하다, 흉내내다**

She always imitates a famous singer.

쉬 올웨이즈 이머테잇스 어 페이머스 싱어

그녀는 항상 유명한 가수의 흉내를 낸다.

immediately

[imíːdiətli] 이미-디어틀리 부 **곧, 즉시**

Please call me immediately.

플리즈 콜 미 이미-디어틀리

즉시 전화해 주세요.

import

[impɔ́ːrt] 임포-트 동 **수입하다**

Korea imports a lot of goods from China.

코리어 임포-트스 어 랏 어브 구즈 프럼 차이너

한국은 중국으로부터 많은 상품을 수입한다.

important

[impɔ́ːrtənt] 임포-턴트 형 **중요한**

He is a very important person.

히 이즈 어 베리 임포-턴트 퍼-슨

그는 아주 중요한 사람이다.

impossible

[impásəbl] 임파서벌 형 **불가능한**

It's impossible to live forever.

잇츠 임파서벌 투 리브 포레버

영원히 사는 것은 불가능하다.

impress

[imprés] 임프레스 동 **인상을 주다**

The speech impressed the audience.

더 스피-치 임프레스트 디 아디언스

그 연설은 청중에게 깊은 인상을 주었다.

improve

[imprúːv] 임프루브 동 **개선하다, 향상시키다**

I hope my English will improve.

아이 호웁 마이 잉글리쉬 윌 임프루브

내 영어 실력이 늘었으면 좋겠다.

in

[in] 인 전 **~의 안에, ~안에서, ~안의**

She is in the room.

쉬 이즈 인 더 루움

그녀는 방 안에 있다.

include

[inklú:d] 인클루드 동 **포함하다**

The price of the goods includes taxes.

더 프라이스 어브 더 구즈 인클루즈 택스즈

그 물건의 가격은 세금이 포함되어 있다.

income

[ínkʌm] 인컴 명 **수입, 소득**

She has a large income.

쉬 해즈 어 라아지 인컴

그녀는 수입이 많다.

increase

[inkrí:s] 인크리스 동 **증가하다**

We need to increase our income.

위 니드 투 인크리스 아워 인컴

우리는 수입을 늘려야 한다.

indeed

[indí:d] 인디드 부 **정말로, 과연**

I am very happy indeed.

아이 앰 베리 해피 인디드

나는 정말로 매우 행복하다.

independence

[ìndipéndəns] 인디펜던스 명 **독립**

Today is Independence Day.

터데이 이즈 인디펜던스 데이

오늘은 독립기념일이다.

industry

[índəstri] 인더스트리 명 **산업, 공업**

Service is an important industry.

서비스 이즈 앤 임포-턴트 인더스트리

서비스는 중요한 산업이다.

information

[ìnfərméiʃən] 인퍼메이션 명 **정보**

Give me some information about the exam.

기브 미 섬 인퍼메이션 어바웃 디 이그잼

시험에 대한 정보 좀 줘.

insect

[ínsekt] 인섹트 명 **곤충, 벌레**

I'm afraid of insects.

아임 어프레이드 어브 인섹츠

나는 벌레가 무섭다.

I

inside

[ìnsáid] 인사이드 전 부 **안에, 내부에**

Shall we meet inside the library?

쉘 위 밋 인사이드 더 라이브러리

도서관 안에서 만날까요?

instead

[instéd] 인스테드 부 **대신에**

If you don't go, I'll go instead.

이프 유 돈트 고-, 아윌 고 인스테드

만약 네가 가지 않으면, 내가 대신 갈게.

intelligent

[intéləʤənt] 인텔러전트 형 **지적인, 이상적인**

He's a very intelligent boy.

히즈 어 베리 인텔러전트 보이

그는 매우 똑똑한 소년이다.

interest

[íntərist] 인터레스트 명 **흥미, 관심, 이익, 이자**

This has no interest for me.

디스 해즈 노 인터레스트 포 미

나는 이것에 흥미가 없다.

- **interesting**
  형 흥미로운

international

[ìntərnǽʃənəl] 인터내셔널 형 **국제적인**

I am an international businessman.

아이 앰 언 인터내셔널 비즈니스맨

나는 국제적인 사업가이다.

injury

[índʒəri] 인져리 명 **상해, 손해, 부상**

He couldn't play because he had on injury.

히 쿠던트 플레이 비커즈 히 해드 안 인저리

그는 부상 때문에 경기에 출전하지 못했다.

into

[ìntu] 인투(모음앞, 문장끝) 인터(자음앞) 전 **안, 속으로**

The boy threw a rock into the sea.

더 보이 쓰루 어 락 인투 더 시

그 소년은 바다에 돌을 던졌다.

introduce

[ìntrədjúːs] 인트러듀-스 동 **소개하다**

Let me introduce my girlfriend to you.

렛 미 인트러듀-스 마이 걸프렌드 투 유

너에게 내 여자친구를 소개할게.

invent

[invént] 인벤트 동 **발명하다**

Edison invented the light bulb.

에디슨 인벤티드 더 라이트 벌브

에디슨이 전구를 발명했다.

- **invention**
  명 발명, 발명품

invite

[inváit] 인바이트 동 **초대하다**

He invited me to his birthday party.

히 인바이티드 미 투 히즈 버- 쓰데이 파- 티

그는 자신의 생일 파티에 나를 초대했다.

- **invitation**
  명 초대

iron

[áiərn] 아이언 명 **쇠, 철**

Iron is hard and heavy.

아이언 이즈 하- 드 앤드 헤비

쇠는 단단하고 무겁다.

is

[iz] 이즈 동 **be의 3인칭 단수 직설법, 현재**

She is my sister.

쉬 이즈 마이 시스터

그녀는 나의 여동생이다.

island

[áilənd] 아일랜드 명 **섬**

Jeju is a beautiful island.

제주 이즈 어 뷰- 티플 아일랜드

제주는 아름다운 섬이다.

issue

[íʃuː] 이슈 명 **문제, 쟁점**

Garbage is a big issue in the world.

가아비지 이즈 어 빅 이슈 인 더 월드

쓰레기는 세상의 큰 문제다.

it

[ít] 잇 대 **그것(단수, 중성의 주격 및 목적격)**

It is a book.

잇 이즈 어 북

그것은 책이다.

itself

[itsélf] 잇셀프 대 **그 자신(을)**

She is kindness itself.

쉬 이즈 카인드니스 잇셀프

그녀는 친절 바로 그 자체이다.(그녀는 정말 친절하다)

I

J

jam

[dʒǽm] 잼 명 **잼**

I love strawberry jam.

아이 러브 스트로 – 베리 잼

나는 딸기잼을 좋아한다.

Japan

[dʒəpǽn] 져팬 명 **일본**

• **Japanese**

형 일본의

Japan is an Asian country.

져팬 이즈 언 에이젼 컨트리

일본은 아시아에 있는 나라다.

jar

[dʒáːr] 쟈– 명 **단지, 병**

Put your pencil in the jar.

풋 유어 펜설 인 더 쟈–

너의 연필을 병에 넣어라.

jealous

[dʒéləs] 젤러스 [형] **질투심 많은, 샘 많은**

She was jealous of my success.

쉬 워즈 젤러스 어브 마이 석세스

그녀는 나의 성공을 질투했다.

jelly

[dʒéli] 젤리 [명] **젤리**

Children love to eat jelly.

칠드런 러브 투 잇 젤리

아이들은 젤리 먹는 것을 좋아한다.

jet

[dʒét] 젯 [명] **제트기**

A jet is flying.

어 젯 이즈 플라 - 잉

제트기 한 대가 날고 있다.

jewel

[dʒúːəl] 쥬우얼 [명] **보석**

We found a box full of jewels.

위 파운드 어 박스 풀 어브 쥬얼즈

우리는 보석으로 가득 찬 상자를 발견했다.

J

job

[dʒáb] 잡 명 **직업, 일**

painter

[péintər] 페인터

화가

singer

[síŋər] 싱거

가수

police

[pəlíːs] 폴리스

경찰

entertainer

[èntərtéinər] 엔터테이너

연예인

baker

[béikər] 베이커

제빵사

nurse

[nə́ːrs] 너스 **간호사**

doctor

[dáktər] 닥터 **의사**

writer

[ráitər] 라이터

작가

engineer
[èndʒiníər] 엔쥐니어
기술자

teacher
[tíːtʃər] 티쳐
교사

J

chef
[ʃéf] 쉐프
요리사

soldier
[sóuldʒər] 솔져
군인

journalist
[dʒə́ːrnəlist] 저널러스트
기자

pilot
[páilət] 파일럿
조종사, 비행사

stewardess
[stjúːərdis] 스튜어디스
여승무원

farmer
[fáːrmər] 파아머
농부

jog

[dʒág] 저그 동 **조깅하다**

He jogs every morning.

히 자그즈 에브리 모닝

그는 매일 아침 조깅을 한다.

join

[dʒɔ́in] 죠인 동 **붙이다, 참여하다**

Do you want to join in the game?

두 유 원 투 조인 인 더 게임

경기에 참여하고 싶니?

joint

[dʒɔ́int] 죠인트 명 **이음매** 형 **공동의**

My husband and I have a joint account.

마이 허즈번드 앤드 아이 해브 어 죠인트 어카운트

남편과 나는 공동 계좌를 가지고 있다.

joke

[dʒóuk] 죠크 명 **농담, 장난**

He changed the mood with a joke.

히 체인지드 더 무드 윗 어 죠크

그는 농담으로 분위기를 전환했다.

journal

[dʒə́ːrnl] 저널 명 **신문, 잡지, 일지**

She reads a monthly journal for women.

쉬 리즈 어 먼쓸리 저널 포어 위먼

그녀는 여성을 위한 월간지를 읽는다.

Journey

[dʒə́ːrni] 져–니 명 **여행**

She set out on her journey.

쉬 셋 아웃 안 허 져–니

그녀는 여행을 떠났다.

joy

[dʒɔ́i] 죠이 명 **기쁨, 즐거움**

He cheered with joy.

히 치어드 윗 죠이

그는 기뻐서 환호했다.

judge

[dʒʌ́dʒ] 져쥐 동 **재판하다, 판단하다** 명 **재판관, 심판**

My father is a judge.

마이 파–더 이즈 어 져쥐

나의 아버지는 재판관이다.

judgment

[dʒʌ́dʒmənt] 져쥐먼트 명 **판결, 재판**

The case awaits judgment of the people.

더 케이스 어웨잇스 저지먼트 어브 더 피펄

그 사건은 국민의 심판을 기다리고 있다.

juice

[dʒúːs] 쥬-스 명 **주스**

I like kiwi juice.

아이 라잌 키위 쥬- 스

나는 키위 주스를 좋아한다.

jump

[dʒʌ́mp] 점프 동 **뛰다, 뛰어오르다**

He jumped in the air.

히- 점프트 인 디 에어

그는 공중으로 뛰어올랐다.

jungle

[dʒʌ́ŋgl] 정글 명 **밀림, 정글**

They live in the jungle.

데이 리브 인 더 졍글

그들은 밀림에서 산다.

junk

[dʒʌ́ŋk] 정크 명 **쓰레기, 폐품**

My family ate junk food for dinner.

마이 패멀리 에잇 정크 푸드 포어 디너

우리 가족은 저녁으로 정크 푸드를 먹었다.

junior

[dʒúːnjər] 쥬우니어 형 **손 아래의, 후배의** 명 **연소자, 2세**

He is two years junior to me.

히 이즈 투 이어즈 쥬우니어 투 미

그는 나보다 나이가 2살 적다.

just

[dʒʌ́st] 져스트 부 **바로, 단지**

I have just finished my homework.

아이 해브 져스트 피니쉬트 마이 홈워 - 크

나는 방금 숙제를 끝냈다.

justice

[dʒʌ́stis] 져스티스 명 **정의, 공평**

We must fight for justice.

위 머스트 파이트 포어 져스터스

우리는 정의를 위해 싸워야 한다.

J

K

kangaroo

[kǽŋgərúː] 캥거루- 명 **캥거루**

You can see kangaroos in Australia.

유 캔 시 캥거루즈 인 오스트레일러

호주에서는 캥거루를 볼 수 있다.

keep

[kíːp] 키입 동 **지니다, 지키다, 계속하다**

Where do you keep the key?

웨어 두 유 키입 더 키

열쇠는 어디에 보관하고 있나요?

key

[kíː] 키- 명 **열쇠**

I lost my key.

아이 로스트 마이 키-

나는 열쇠를 잃어버렸다.

kick

[kík] 킥 동 **차다, 걷어차다** 명 **발로 차기**

I kicked the ball.

아이 킥트 더 보올

나는 공을 발로 찼다.

kid

[kíd] 킷 명 **아이, 새끼염소**

We are all kids.

위 아 오올 킷즈

우리는 모두 어린애들이다.

kill

[kíl] 킬 동 **죽이다**

I just killed a mosquito.

아이 져스트 킬드 어 머스키토우

나는 방금 모기 한 마리를 잡았다.

kind[1]

[káind] 카인드 명 **종류**

A shark is a kind of fish.

어 샤아크 이즈 어 카인드 어브 피쉬

상어는 물고기의 일종이다.

K

kind[2]

[káind] 카인드 형 **친절한, 온화한**

She's very kind and lovely.

쉬 즈 베리 카인드 앤 러블리

그녀는 아주 친절하고 사랑스럽다.

kindergarten

[kíndərgà:rtn] 킨더가-튼 명 **유치원**

I learned singing in kindergarten.

아이 런드 싱잉 인 킨더가-튼

나는 유치원에서 노래를 배웠다.

king

[kíŋ] 킹 명 **왕**

I respect King Sejong.

아이 리스펙트 킹 세종

나는 세종 대왕을 존경한다.

kingdom

[kíŋdəm] 킹덤 명 **왕국**

Lion is the king of the animal kingdom.

라이언 이즈 더 킹 어브 디 애너멀 킹덤

사자는 동물 왕국의 왕이다.

kiss

[kís] 키스 명 **키스, 입맞춤** 동 **키스하다**

I kissed the child on the cheek.

아이 키스트 더 차일드 안 더 칙

나는 아이의 볼에 뽀뽀를 했다.

kitchen

[kítʃən] 키친 명 **부엌, 주방**

My mother is working in the kitchen.

마이 머더 이즈 워- 킹 인 더 키췬

나의 어머니는 부엌에서 일하고 계신다.

kite

[káit] 카이트 명 **연**

The boy was flying a kite.

더 보이 워즈 플라이잉 어 카이트

소년은 연을 날리고 있었다.

kitten

[kítn] 키튼 명 **새끼 고양이**

I have three kittens.

아이 해브 쓰리 키튼즈

나는 새끼 고양이 세 마리를 키운다.

K

knife

[náif] 나이프 명 칼

Don't play with a knife.

돈트 플레이 위드 어 나이프

칼을 가지고 놀지 말아라.

knit

[nit] 니트 동 (털실 등을) 뜨다, 짜다, 뜨개질 하다

Mom knitted a vest from wool.

맘 니티드 어 베스트 프럼 울

엄마는 털실로 조끼를 뜨개질했다.

knock

[nák] 낙 동 노크하다, 두드리다

Someone knocked on the door.

섬원 낙트 안 더 도-어

누군가가 문을 노크했다.

knot

[nát] 낫 명 매듭

She tied her belt with a knot.

쉬 타이드 허 벨트 위드 어 낫

그녀는 자신의 허리띠를 매듭으로 묶었다.

know

[nóu] 노우 동 **알다**

I know why she's crying.

아이 노우 와이 쉬즈 크라잉

나는 왜 그녀가 우는지 알고 있다.

- **knew :** 과거
- **known :** 과거분사

knowledge

[nálidʒ] 날리지 명 **지식**

She has a lot of knowledge.

쉬 해즈 어 랏 어브 날리지

그녀는 많은 지식을 가지고 있다.

Korea

[kərí:ə] 코리-아 명 **대한민국, 한국**

Korea is a safe country for sightseeing.

코리-아 이즈 어 세이프 컨트리 풔 사잇시잉

대한민국은 관광하기 안전한 나라이다.

Korean

[kərí:ən] 코리-언 명 **한국인, 한국어** 형 **한국의**

She is Korean.

쉬 이즈 코리-언

그녀는 한국인이다.

K

L

label

[léibəl] 레이벌 명 **라벨, 상표, 표지** 동 **라벨을 붙이다**

He labeled the bottle.

히 레이벌드 더 바틀

그는 병에 상표를 붙였다.

labor

[léibər] 래이버 명 **노동** 동 **일하다**

We make money by labor.

위 메익 머니 바이 레이버

우리는 노동으로 돈을 번다.

lack

[lǽk] 랙 명 **결핍, 부족** 동 **결핍되다**

We lacked food.

위 랙트 푸드

우리는 먹을 것이 부족했다.

lady

[léidi] 레이디 명 **부인, 숙녀**

Ladies and Gentlemen!

레이디즈 앤 젠틀먼

신사 숙녀 여러분!

lake

[léik] 레이크 명 **호수**

This lake has a beautiful scenery.

디스 레이크 해즈 어 뷰티펄 시너리

이 호수는 경치가 아름답다.

lamp

[lǽmp] 램프 명 **등, 등불**

Turn on the lamp.

터언 안 더 램프

등을 켜라.

land

[lǽnd] 랜드 명 **땅, 육지**

The ship finally reached land.

더 쉽 파이널리 리-취트 랜드

그 배는 마침내 육지에 닿았다.

L

language

[lǽŋgwidʒ] 랭귀쥐 명 언어

He can speak three languages.

히 캔 스피-크 쓰리 랭귀쥐

그는 세 가지 언어를 말할 수 있다.

large

[lá:rdʒ] 라-쥐 형 큰, 넓은

This room is large.

디스 루움 이즈 라-쥐

이 방은 크다.

last

[lǽst] 라스트 형 최후의, 마지막의

This is your last chance.

디스 이즈 유어 라스트 챈스

이것이 너의 마지막 기회이다.

late

[léit] 레이트 형 늦은

He was late for school again.

히 워즈 레이트 포 스쿠울 어겐

그는 또 학교에 지각했다.

- **later** : 비교급
- **latest** : 최상급

later

[léitər] 레이터 형 **더 늦은(late의 비교급), 후의** 부 **나중에**

See you later.

씨- 유- 레이터

나중에 보자.(헤어질 때 하는 인사)

laugh

[lǽf] 래프 동 **웃다** 명 **웃음**

Don't laugh, I'm serious.

돈트 래프, 아임 시어리어스

웃지마, 나는 심각해.

L

laundry

[lɔ́:ndri] 론-드리 명 **세탁소, 세탁물**

There's a lot of laundry in the basket.

데어즈 어 랏 어브 론-드리 인 더 배스켓

바구니 안에는 많은 빨래감이 있다.

law

[lɔ́:] 로- 명 **법**

Everybody is equal before the law.

에브리바디 이즈 이퀄 비포어 더 로-

법 앞에서는 누구나 평등하다.

lawyer

[lɔ́ iər] 로이어 명 **변호사**

My brother became a lawyer.

마이 브라더 비케임 어 로이어

형은 변호사가 되었다.

lay

[léi] 레이 동 **놓다, 눕히다, 낳다**

He laid his coat on the bed.

히 레이드 히즈 코트 안 더 베드

그는 그의 외투를 침대 위에 놓았다.

- **laid :** 과거
- **laid :** 과거분사

lazy

[léizi] 레이지 명 **게으른**

My son is a lazy teenager.

마이 선 이즈 어 레이지 틴에이저

내 아들은 게으른 십대이다.

lead

[líːd] 리–드 동 **이끌다, 인도하다** 명 **모범, 선두**

She led me to the theater.

쉬 레드 미 투 더 씨어터

그녀는 나를 극장으로 안내했다.

- **led :** 과거
- **led :** 과거분사

leader
[líːdər] 리-더 명 지도자

He is the leader of this group.

히 이즈 더 리-더 어브 디스 그루웁

그가 이 단체의 지도자이다.

leaf
[líːf] 리-프 명 나뭇잎

I picked up a beautiful maple leaf.

아이 픽트 업 어 뷰티플 메이펄 리-프

나는 예쁜 단풍 나뭇잎 하나를 주웠다.

L

learn
[lə́ːrn] 러언 동 배우다

You must learn to swim.

유 머스트 러언 투 스윔

너는 수영을 반드시 배워야 한다.

leave
[líːv] 리-브 동 떠나다

We left the school at 3 o'clock.

위 레프트 더 스쿠울 앳 쓰리 어클락

우리는 3시에 학교를 떠났다.

- **left :** 과거
- **left :** 과거분사

left

[léft] 레프트 형 **왼쪽의** 명 **왼쪽**

Stretch your left arm.

스트레취 유어 레프트 아암

왼팔을 쭉 펴세요.

legal

[lí:gəl] 리걸 형 **법률의, 합법의**

He is the legal owner of this land.

히 이즈 더 리걸 오우너 어브 디스 랜드

그는 이 땅의 법적 소유자이다.

lend

[lénd] 렌드 동 **빌려주다**

Can you lend me your phone?

캔 유 렌드 미 유어 포운

핸드폰 좀 빌려주실 수 있나요?

less

[lés] 레스 부 **(little의 비교급) 더 적게, 덜**

This is less important than that.

디스 이즈 레스 임포-턴트 댄 댓

이것은 저것보다 덜 중요하다.

lesson

[lésn] 레슨 명 **교습, 레슨, 수업, 교훈**

I'm taking a piano lesson.

아임 테이킹 어 피애노우 레슨

나는 피아노 레슨을 받고 있다.

let

[lét] 렛 동 **시키다, 허락하다**

Let's go on a picnic together.

렛츠 고우 안 어 픽크닉 투게더

우리 다함께 피크닉을 가자.

• **let's=let us** :
~하게 하자

letter

[létər] 레터 명 **편지, 글자**

Write me a letter.

라이트 미 어 레터

편지해 줘.

level

[lévəl] 레벌 명 **수준, 정도**

Her English is high level.

허 잉글리쉬 이즈 하이 레벌

그녀의 영어 실력은 수준급이다.

L

library

[láibrèri] 라이브러리 명 **도서관**

I studied in the library all day.

아이 스터디드 인 더 라이브러리 올 데이

나는 하루종일 도서관에서 공부했다.

license

[láisəns] 라이선스 동 **허가, 면허증, 자격증**

I got my driver's license during vacation.

아이 갓 마이 드라이버즈 라이선스 두어링 베케이션

나는 방학 때 운전면허증을 땄다.

lie[1]

[lái] 라이 명 **거짓말** 동 **거짓말하다**

- **lay/lied :** 과거
- **lain/lied :** 과거분사

Don't tell a lie.

돈트 텔 어 라이

거짓말 하지 마.

lie[2]

[lái] 라이 동 **눕다, 드러 눕다**

I lay on the floor and read a book.

아이 레이 안 더 플로어 앤드 리드 어 북

나는 바닥에 누워서 책을 읽었다.

life

[láif] 라이프 명 생명, 목숨, 인생

The old couple lived a happy life.

디 오울드 커플 리브드 어 해피 라이프

노부부는 행복하게 살았다.

lift

[líft] 리프트 동 들어 올리다

He lifted a box.

히 리프티드 어 박스

그는 상자 하나를 들어 올렸다.

L

light[1]

[láit] 라이트 명 빛 형 밝은 동 비추다

I saw a light in the house.

아이 소- 어 라이트 인 더 하우스

나는 집에 불이 켜져 있는 것을 보았다.

light[2]

[láit] 라이트 형 가벼운

The luggage is large but light.

더 러기쥐 이즈 라지 벗 라이트

짐은 크지만 가볍다.

like[1]

[láik] 라잌 동 **좋아하다, 하고 싶다(like to+동사원형)**

I like her very much.

아이 라잌 허- 베리 머취

나는 그녀를 아주 좋아한다.

like[2]

[láik] 라잌 형 **같은, 닮은, 비슷한** 부 **~같이, ~처럼**

He is like his father.

히 이즈 라잌 히즈 파-더

그는 자기 아버지를 닮았다.

limit

[límit] 리밋 명 **한계, 제한** 동 **제한하다**

We must limit her spending.

위 머스트 리밋 허 스펜딩

우리는 그녀의 지출을 제한해야 한다.

line

[láin] 라인 명 **선, 줄**

She drew a line under the word.

쉬 드루- 어 라인 언더 더 워드

그녀는 그 단어 아래에 선을 그었다.

list

[líst] 리스트 명 **표, 목록, 명단**

We will add your name to the list.

위 윌 애드 유어 네임 투 더 리스트

당신의 이름도 명단에 올려놓겠습니다.

listen

[lísn] 리슨 동 **듣다, ~에 귀를 기울이다**

Listen carefully to me.

리슨 케어펄리 투 미

내 말 잘 들어.

little

[lítl] 리틀 형 **작은** 부 **약간, 조금**

- **less** : 비교급
- **least** : 최상급

There is little water in the bottle.

데어 이즈 리틀 워터 인 더 바털

병에 물이 거의 없다.

live[1]

[lív] 리브 동 **살다, 생활하다**

He lives on the timetable.

히 리브즈 안 더 타임테이벌

그는 시간표대로 산다.

live²

[láiv] 라이브 형 **살아 있는, 생방송의**

The radio broadcast is live now.

더 레이디오우 브로드캐스트 이즈 라이브 나우

지금 라디오 생방송입니다.

living room

[líviŋrùːm] 리빙 루-움 명 **거실**

There is a warm light in the living room.

데어 이즈 어 웜 라이트 인 더 리빙 루-움

거실에는 따뜻한 조명이 있다.

local

[lóukəl] 로컬 형 **지역의, 현지의**

I like to eat at a local restaurant.

아이 라잌 투 잇 앳 어 로우컬 레스터란트

나는 현지 식당에서 먹는 것을 좋아한다.

lock

[lák] 락 명 **자물쇠** 동 **잠그다**

He locked his locker.

히 락트 히즈 라커

그는 자신의 사물함을 잠갔다.

lonely

[lóunli] 로운리 형 **외로운**

I feel lonely in the fall.

아이 필 로운리 인 더 폴

나는 가을이 되면 외로워진다.

long

[lɔ́:ŋ] 로옹 형 **긴, 먼** 부 **오랫동안**

That train is very long.

댓 트레인 이즈 베리 로옹

저 기차는 아주 길다.

look

[lúk] 룩 동 **보다, 찾다**

Look at the beautiful flower.

룩 앳 더 뷰-티플 플라워

그 아름다운 꽃을 봐.

loose

[lú:s] 루-스 형 **느슨한, 헐렁한** 동 **풀다**

This belt is too loose.

디스 벨트 이즈 투- 루-스

이 허리띠는 너무 느슨하다.

- **looser**: 비교급
- **loosest** : 최상급

L

lose

[lúːz] 루-즈 동 **잃다, ~에 지다**

- **lost :** 과거
- **lost :** 과거분사

I am lost my bag.

아이 앰 로스트 마이 백

나는 가방을 잃어버렸다.

loss

[lɔ́ːs] 로-스 명 **분실, 손실, 손해**

The company had big losses this year.

더 컴퍼니 해드 빅 로스즈 디스 이어

그 회사는 올해 큰 손실을 보았다.

lot

[lát] 랏 명 **많음** 부 **아주, 매우**

You have a lot of toys.

유 해브 어 랏 어브 토이즈

너는 많은 장난감을 가지고 있다.

loud

[láud] 라우드 형 **소리가 큰, 시끄러운**

The TV makes a very loud noise.

더 티비 메익스 어 베리 라우드 노이즈

그 티비는 매우 시끄러운 소리를 낸다.

love

[lʌ́v] 러브 명 사랑 동 사랑하다

Parents love their children.

페어런트스 러브 데어 칠드런

부모들은 그들의 자식들을 사랑한다.

low

[lóu] 로우 형 낮은 부 낮게

- **lower**: 비교급
- **lowest** : 최상급

The airplane is flying low.

디 에어플레인 이즈 플라잉 로우

비행기가 낮게 날고 있다.

L

luck

[lʌ́k] 럭 명 운, 행운

I wish you luck in today's test.

아이 위쉬 유 럭 인 터데이즈 테스트

오늘 시험에 행운이 있기를 바란다.

lunch

[lʌ́ntʃ] 런취 명 점심

What did you have for lunch?

왓 디쥬 해브 포 런취

너 점심으로 무엇을 먹었니?

M

machine

[məʃíːn] 머쉬인 명 **기계**

What is this machine for?

왓 이즈 디스 머쉬인 포-

이 기계는 어디에 쓰는 것입니까?

mad

[mǽd] 매드 형 **미친, 화난, 열중한**

Avoid that mad woman.

어보이드 댓 매드 우먼

저 미친 여자를 피해.

magazine

[mæ̀gəzíːn] 매거지인 명 **잡지**

I am reading a fashion magazine.

아이 앰 리딩 어 패션 매거진

나는 패션 잡지를 읽고 있다.

magic

[mǽdʒik] 매직 명 **마법, 마술** 형 **마법의, 마술의**

Have you ever seen a magic show?

해브 유 에버 신 어 매직 쇼우?

마술쇼를 본 적이 있니?

mail

[méil] 메일 명 **우편, 우편물** 동 **우편으로 보내다**

This letter came in the mail.

디스 레터 케임 인 더 메일

이 편지는 우편으로 왔다.

main

[méin] 메인 형 **주된, 주요한**

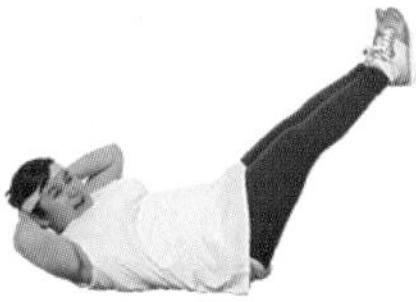

What is your main purpose?

왓 이즈 유어 메인 퍼퍼스

당신의 주된 목적은 무엇입니까?

major

[méidʒər] 메이저 형 **주요한, 전공의**

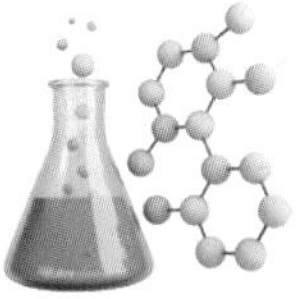

Science is my major.

사이언스 이즈 마이 메이저

과학은 나의 전공이다.

M

make

[méik] 메이크 동 **만들다, ~하게 하다**

I made this toy tank for myself.

아이 메이드 디스 토이 탱크 포 마이셀프

이 장난감 탱크는 내가 직접 만들었다.

- **made:** 과거
- **made :** 과거분사

man

[mǽn] 맨 명 **남자, 사람, 인간**

Who is that man?

후- 이즈 댓 맨

저 남자는 누구야?

manage

[mǽnidʒ] 매니지 동 **관리하다, 운영하다**

He manages that gym.

히 매니지즈 댓 짐

그는 저 체육관을 관리한다.

- **manager**
  명 지배인, 경영자

manner

[mǽnər] 매너 명 **예절, 태도, 방식**

The child's table manners are excellent.

더 차일즈 테이블 매너즈 아 엑설런트

그 아이의 식사 예절은 훌륭하다.

many

[méni] 메니 형 **많은**

My son has many picture books.

마이 선 해즈 메니 픽처 북스

내 아들은 많은 그림책을 가지고 있다.

map

[mǽp] 맵 명 **지도**

Look it up on the map.

룻 잇 업 안 더 맵

지도에서 찾아 봐.

march

[má:rtʃ] 마-취 명 **행진, 행군** 동 **행진하다**

The soldiers are marching.

더 소울저즈 아 마아칭

군인들은 행진중이다.

mark

[má:rk] 마-크 명 **표시, 자국** 동 **표시하다**

Put a mark on your book.

풋 어 마-크 안 유어 북

네 책에 표시를 하렴.

M

market

[máːrkit] 마킷트 명 **시장**

Mom went to the market.

맘 웬 투 더 마킷트

엄마는 시장에 가셨다.

marry

[mǽri] 매리 동 **결혼하다**

Will you marry me?

윌 유 매리 미

나와 결혼해 줄래?

master

[mǽstər] 매스터 명 **주인, 거장** 동 **습득하다**

The dog obeyed his master.

더 도그 오베이드 히즈 매스터

그 개는 주인에게 복종했다.

match

[mǽtʃ] 매취 명 **성냥, 시합, 상대** 동 **어울리다**

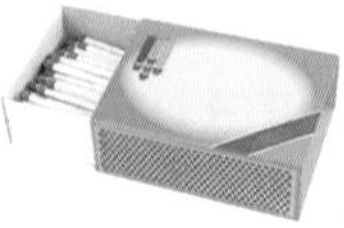

She lighted a match.

쉬 라이티드 어 매취

그녀는 성냥을 켰다.

material

[mətíəriəl] 머티어리얼 명 재료 형 물질의

What are the material of this chair?

왓 아 더 머티어리얼 어브 디스 체어

이 의자의 재질은 무엇입니까?

matter

[mǽtər] 매터 명 문제, 일, 물질 동 중요하다

What's the matter with you?

왓츠 더 매터 위드 유

너 무슨 문제 있니?

may

[méi] 메이 조 ~일지도 모른다, ~해도 좋다

It may rain today.

잇 메이 레인 투데이

오늘 비가 올지도 모른다.

maybe

[méibi] 메이비- 부 아마도

Maybe you'll succeed next time.

메이비- 유윌 석시드 넥스트 타임.

너는 아마도 다음에 성공할 거야.

M

me

[mí:] 미(미–) 대 **나를, 나에게(I의 목적격)**

She still remembers me.

쉬 스틸 리멤버즈 미

그녀는 아직 나를 기억한다.

meal

[mí:l] 밀 명 **식사, 음식**

I don't like a hot meal.

아이 돈트 라익 어 핫 밀

나는 뜨거운 음식은 좋아하지 않는다.

mean

[mí:n] 민 동 **의미하다** 명 **의미, 뜻**

What do you mean?

왓 두 유 민

무슨 뜻이야?

measure

[méʒər] 메저 명 **측정, 치수** 동 **측정하다**

He measured the fence.

히 메저드 더 펜스

그는 담장의 길이를 쟀다.

meat

[mí:t] 미-트 명 **고기**

I want to have more meat.

아이 원 투 해브 모어 미-트

나는 고기를 좀 더 먹고 싶다.

medal

[médl] 메들 명 **메달**

I got a gold medal.

아이 갓 어 골드 메들

나 금메달을 땄다.

medicine

[médəsin] 메더선 명 **약, 의학**

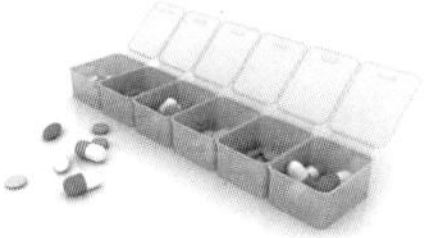

Good medicine tastes bitter.

굿 메더선 테이스트스 비터

좋은 약은 입에 쓰다.

meet

[mí:t] 밋 동 **만나다**

I'll meet her at the station.

아윌 밋 허 앳 더 스테이션

나는 그녀를 역에서 만날 것이다.

- **met** : 과거
- **met** : 과거분사

melt

[mélt] 멜트 동 녹다, 녹이다 명 용해

Ice cream melts easily.

아이스 크림 멜트스 이즐리

아이스크림은 쉽게 녹는다.

member

[mémbər] 멤버 명 일원, 회원

I'm a member of my family.

아임 어 멤버 어브 마이 패밀리

나는 내 가족의 일원이다.

memory

[méməri] 메머리 명 기억, 기억력

I have a good memory.

아이 해브 어 굿 메머리

나는 기억력이 좋다.

men

[mén] 멘 명 남자들, 사람들(man의 복수형)

There are three men in the room.

데어 아 쓰리 멘 인 더 루움

방에는 세 사람이 있다.

mental

[méntl] 멘털 형 **마음의, 정신의**

Studying is mental work.

스터디잉 이즈 멘털 웍

공부하는 것은 정신적인 일이다.

mention

[ménʃən] 맨션 동 **언급하다, 말하다**

Don't mention this problem.

도운트 맨션 디스 프라블럼

이 문제는 언급하지 마세요.

menu

[ménjuː] 메뉴 명 **메뉴, 요리, 식사**

The main menu of this store is steak.

더 메인 메뉴 어브 디스 스토어 이즈 스테이크

이 가게의 메인 메뉴는 스테이크이다.

merry

[méri] 메리 형 **즐거운, 명랑한**

She is a merry fellow.

쉬 이즈 어 메리 펠로우

그녀는 명랑한 친구이다.

M

message

[mésidʒ] 메시쥐 명 **메시지, 소식, 통신**

She left a message for you.

쉬 레프트 어 메시쥐 포 유

그녀가 너에게 메시지를 남겼다.

metal

[métl] 메탈 명 **금속**

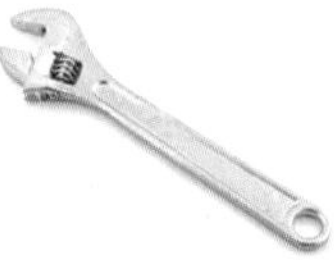

This product is made of metal.

디스 프라덕트 이즈 메이드 어브 메털

이 제품은 금속으로 만들어졌다.

method

[méθəd] 메써드 명 **방법, 방식**

The teacher uses a new teaching method.

더 티처 유저즈 어 뉴 티칭 메써드

선생님은 새로운 교수법을 사용한다.

middle

[mídl] 미들 형 **중앙의** 명 **중앙, 가운데**

My grades are in the middle.

마이 그레이즈 아 인 더 미덜

내 성적은 중간이다.

midnight

[mídnàit] 미드나이트 명 **자정, 한밤중**

He returned home at midnight.

히 리턴드 호움 앳 미드나이트

그는 자정에 집으로 돌아왔다.

might

[mait] 마이트 동 **(may의 과거) ~일지도 모른다**

She told me that she might come

쉬 토울드 미 댓 쉬 마이트 컴

그녀가 올 수도 있다고 나에게 말했다.

military

[míliteri] 밀리터어리 형 **군대의** 명 **군대, 군인**

He graduated from the military academy.

히 그래주에이티드 프럼 더 밀리터어리 어캐더미

그는 사관학교를 졸업했다.

milk

[mílk] 밀크 명 **우유**

Milk comes from cows.

밀크 컴즈 프럼 카우즈

우유는 소에서 나온다.

M

million

[míljən] 밀리언 명 **백만** 형 **백만의**

He earns three million won a month.

히 어언즈 쓰리 밀리언 원 어 먼쓰

그는 한 달에 삼백만 원을 번다.

mind

[máind] 마인드 명 **마음, 정신** 동 **신경쓰다**

She has a sound mind and body.

쉬 해즈 어 사운드 마인드 앤드 바디

그녀는 몸과 마음이 다 건전하다.

mine

[máin] 마인 대 **나의 것(I의 소유대명사)**

This book is yours and that's mine.

디스 북 이즈 유어즈 앤드 댓츠 마인

이 책은 너의 것이고, 저 책은 나의 것이다.

minute

[mínit] 미니츠 명 **분, 잠깐, 잠시**

You have only 5 minutes left.

유 해브 온리 파이브 미니츠 레프트

너는 5분 밖에 시간이 없다.

miracle

[mírəkl] 미러컬 명 **기적**

Really? That's a miracle.

리얼리? 댓츠 어 미러컬

정말이니? 그것 참 기적이구나!

mirror

[mírər] 미러 명 **거울**

I have a small mirror in my room.

아이 해브 어 스몰 미러 인 마이 룸

내 방에는 작은 거울이 있다.

miserable

[mízərəbl] 미저러벌 형 **비참한, 불행한**

His life has been miserable.

히즈 라이프 해즈 빈 미저러벌

그의 삶은 비참했다.

miss

[mís] 미스 동 **놓치다, 보고 싶다**

Good bye. I'll miss you.

굿바이, 아윌 미스 유

안녕. 너를 그리워할 거야.

M

mission

[míʃən] 미션 명 **임무, 사절(단), 사명**

Her mission was to help poor people.

허 미션 워즈 투 헬프 푸어 피펄

그녀의 임무는 가난한 사람들을 돕는 것이었다.

mistake

[mistéik] 미스테이크 명 **실수** 동 **실수하다**

I'm sorry. I made a big mistake.

아임 쏘-리. 아이 메이드 어 빅 미스테이크

미안해. 내가 큰 실수를 저질렀어.

mix

[míks] 믹스 동 **섞다, 혼합하다** 명 **섞인 것**

Mom cooked rice by mixing rice and beans.

맘 쿡트 라이스 바이 믹싱 라이스 앤드 빈즈

엄마는 밥과 콩을 섞어 밥을 지으셨다.

model

[mádl] 마들 명 **모형, 모델, 모범, 본보기**

It's our latest model.

잇츠 아워 레이티스트 마들

이 제품은 저희의 최신 모델입니다.

modern

[mádərn] 마던 형 **현대의**

People enjoy modern city life.

피펄 엔조이 마던 시티 라이프

사람들은 현대의 도시 생활을 즐긴다.

moment

[móumənt] 모우먼트 명 **순간**

Just wait a moment.

져스트 웨잇 어 모우먼트

잠시만 기다려주세요.

money

[mʌ́ni] 머니 명 **돈**

How much money do you have?

하우 머취 머니 두 유 해브

너 돈을 얼마나 가지고 있니?

monster

[mánstər] 먼스터 명 **괴물**

Frankenstein is a monster.

프랭컨스타인 이즈 어 먼스터

프랑켄스타인은 괴물이다.

month

[mʌ́nθ] 먼쓰 명 달(매월)

January [dʒǽnjuèri] 재뉴에어리 1월

February [fébruèri] 페브루에어리 2월

March [má:rtʃ] 마아치 3월

April [éiprəl] 에이프릴 4월

May [méi] 메이 5월

June [dʒú:n] 준 6월

July [dʒu:lái] 줄라이 7월

August [ɔ́:gəst] 오거스트 8월

September [septémbər] 셉템버 9월

October [aktóubər] 악토우버 10월

November [nouvémbər] 노우벰버 11월

December [disémbər] 디셈버 12월

mood

[mú:d] 무드 명 기분, 분위기

She is in a good mood today.

쉬 이즈 인 어 굿 무드 터데이

그녀는 오늘 기분이 좋다.

moon

[mú:n] 무운 명 달

Look at the bright moon.

룩 앳 더 브라이트 무운

밝은 달을 봐.

moral

[mɔ́:rəl] 모럴 형 도덕의, 윤리의

Grandpa lived a very moral life.

그랜드파 리브드 어 베리 모럴 라이프

할아버지는 매우 도덕적인 삶을 사셨다.

more

[mɔ́:r] 모어 형 더 많은 (much의 비교급) 부 더욱 더

She is more beautiful than her sister.

쉬 이즈 모어 뷰티플 댄 허 시스터

그녀는 그녀의 여동생보다 아름답다.

M

morning

[mɔ́ːrniŋ] 모-닝 명 **아침, 오전**

I woke up late this morning.

아이 워-크 업 레이트 디스 모-닝

나는 오늘 아침 늦게 일어났다.

mosquito

[məskíːtou] 머스키토우 명 **모기**

I was bitten by a mosquito.

아이 워즈 비턴 바이 어 머스키토우

모기에 물렸다.

most

[mòust] 모우스트 형 **가장 많은(much의 최상급)** 부 **제일**

In spring, most plants begin to bloom.

인 스프링, 모우스트 플랜트스 비긴 투 블룸

봄이 되면 대부분의 식물들이 꽃을 피우기 시작한다.

motion

[móuʃən] 모-션 명 **운동, 동작**

His motion gave us a laugh.

히즈 모-션 게이브 어스 어 래프

그의 동작은 우리에게 웃음을 주었다.

motor

[móutər] 모우터 명 **전동기, 발동기**

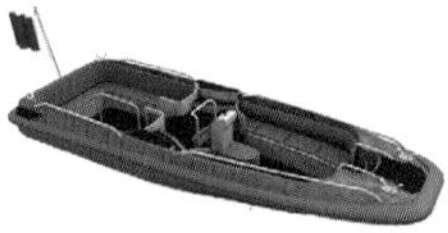

Switch on the motor.

스위치 안 더 모우터

모터를 켜라.

motorcycle

[móutərsàikl] 모우터사이클 명 **오토바이**

He rides a motorcycle very well.

히 라이즈 어 모우터사이클 베리 웰

그는 오토바이를 아주 잘 탄다.

mountain

[máuntən] 마운턴 명 **산**

That mountain is very high.

댓 마운턴 이즈 베리 하이

저 산은 아주 높다.

mouse

[máus] 마우스 명 **생쥐**

There is a mouse in the basement.

데어 이즈 어 마우스 인 더 베이스먼트

지하실에 쥐 한 마리가 있다.

M

move

[mú:v] 무-브 동 **움직이다, 이사하다**

He moved to a new house.

히 무브드 투 어 뉴 하우스

그는 새 집으로 이사했다.

movie

[mú:vi] 무-비 명 **영화**

Why don't we go for a movie?

와이 돈트 위 고 포 어 무비

우리 영화보러 가는 게 어때?

Mr.

[místər] 미스터 명 **~씨, ~선생**

Someone's looking for Mr. Kim.

섬원즈 룩킹 포 미스터 킴

누군가 김 선생님을 찾고 있다.

Mrs. mrs.

[mísiz] 미시즈 명 **부인(결혼한 여성의 성 앞에 붙임)**

Mrs. Kennedy is an American.

미시즈 케네티 이즈 언 어메리컨

케네디 부인은 미국인이다.

Ms. ms.

[míz] 미즈 명 기혼(여성과 미혼 여성을 합쳐 부르는 말)

Where is Ms. Kim?

웨어 이즈 미즈 킴

미즈 김은 어디 있습니까?

much

[mʌ́tʃ] 머취 형 많은 부 매우, 많이

We don't have much time.

위 돈트 해브 머취 타임

우리는 시간이 많지 않다.

- more : 비교급
- most : 최상급

mud

[mʌ́d] 머드 명 진흙

The shoes got dirty with mud.

더 슈즈 갓 더티 위드 머드

신발이 진흙으로 더러워졌다.

multiply

[mʌ́ltəplài] 멀터플라이 동 증식시키다, 곱하다

Three multiplied by three is nine.

쓰리 멀터플라이드 바이 쓰리 이즈 나인

3에 3을 곱하면 9다.

M

muscle

[mʌ́sl] 머설 명 **근육**

He has big arm muscles.

히 해즈 빅 아암 머설즈

그는 큰 팔 근육을 가지고 있다.

museum

[mjuːzíːəm] 뮤-지엄 명 **박물관**

They visited the National Museum.

데이 비지티드 더 내셔널 뮤-지엄

그들은 국립 박물관을 방문했다.

mushroom

[mʌ́ʃruːm] 머쉬룸 명 **버섯**

Some mushrooms have poison.

섬 머쉬룸즈 해브 포이즌

어떤 버섯은 독이 있다.

music

[mjúːzik] 뮤-직 명 **음악**

This music is by Beethoven.

디스 뮤-직 이즈 바이 베이토-번

이 음악은 베토벤이 작곡한 거야.

must

[mʌ̀st] 머스트 조 **~해야 한다(must+동사원형)**

I must go now.

아이 머스트 고 나우

나는 지금 가야 한다.

my

[mái] 마이 대 **나의(I의 소유격)**

This is my book.

디스 이즈 마이 북

이것은 나의 책이다.

myself

[maisélf] 마이셀프 대 **나 자신(스스로)**

I'll do it myself.

아윌 두 잇 마이셀프

내가 직접 할 거야.

mystery

[místəri] 미스터리 명 **신비, 불가사의**

The police finally solved the mystery.

더 펄리스 파이널리 솔브드 더 미스터리

경찰은 마침내 그 수수께끼를 풀었다.

M

N

nail

[néil] 네일 명 **손톱, 못**

She works as a nail artist.

쉬 웍스 애즈 어 네일 아티스트

그녀는 네일 아티스트로 일하고 있다.

name

[néim] 네임 명 **이름, 성명**

My name is Jane.

마이 네임 이즈 제인

내 이름은 제인이야.

narrow

[nǽrou] 내로우 형 **좁은**

This road is very narrow.

디스 로드 이즈 베리 내로우

이 길은 아주 좁다.

nation

[néiʃən] 네이션 명 **국민, 나라, 국가**

The president spoke to the nation.
더 프레지던트 스포-크 투 더 네이션
대통령이 국민들에게 연설했다.

native

[néitiv] 네이티브 형 **타고난, 출생지의**

English is not my native language.
잉글리쉬 이즈 낫 마이 네이티브 랭귀지
영어는 나의 모국어가 아니다.

nature

[néitʃər] 네이처 명 **자연, 본성**

We must protect nature.
위 머스트 프러텍트 네이처
우리는 자연을 지켜야 한다.

N

near

[níər] 니어 형 **가까운** 부 **가까이**

She was standing near a tree.
쉬 워즈 스탠딩 니어 어 트리
그녀는 나무 근처에 서 있었다.

neat

[níːt] 니-트 형 **산뜻한, 단정한**

She always looks neat.

쉬 올웨이즈 룩스 니트

그녀는 언제나 단정해 보인다.

necessary

[nésəsèri] 네서세어리 형 **필요한**

Water is necessary for man.

워터 이즈 네서세어리 포어 맨

물은 사람에게 필요하다.

neck

[nék] 넥 명 **목**

He has a short neck.

히 해즈 어 쇼트 넥

그는 목이 짧다.

need

[níːd] 니-드 동 **필요하다** 명 **필요**

The house needs painting.

더 하우스 니-즈 페인팅

그 집은 페인트를 칠할 필요가 있다.

needle

[níːdl] 니-들 명 **바늘**

I sewed my clothes with a needle.

아이 소우드 마이 클로우즈 위드 어 니-들

옷을 바늘로 꿰맸다.

negative

[négətiv] 네거티브 형 **부정적인**

Dad is always negative to me.

대드 이즈 올웨이즈 네거티브 투 미

아빠는 항상 나에게 부정적이다.

neighbor

[néibər] 네이버 명 **이웃 사람**

They are good neighbors.

데이 아 굿 네이버즈

그들은 좋은 이웃 사람들이다.

neither

[níːðər] 니이더 부 **A도 아니고 B도 아니다**

Father neither smokes nor drinks.

파더 나이더 스모크스 노어 드링크

아버지는 담배도 안 피우시고 술도 안 드신다.

nephew

[néfjuː] 네퓨– 명 **남자 조카**

He is my nephew.

히 이즈 마이 네퓨–

그는 나의 조카다.

nervous

[nəːrvəs] 너버스 형 **긴장 되는**

I'm always nervous before the exam.

아임 올웨이즈 너버스 비포어 디 이그잼

시험 전에는 항상 긴장된다.

nest

[nést] 네스트 명 **둥지, 보금자리**

I found a bird nest.

아이 파운드 어 버–드 네스트

나는 새 둥지를 발견했다.

net

[nét] 네트 명 **그물, 네트, 통신망**

We caught the fish into the net.

위 콧 더 피쉬 인투 더 네트

우리는 그물로 물고기를 잡았다.

never

[névər] 네버 부 **결코 ~하지 않다**

I never make a mistake.

아이 네버 메익 어 미스테익

나는 절대 실수하지 않는다.

new

[njú:] 뉴 형 **새로운**

This is a new computer game.

디스 이즈 어 뉴 컴퓨-터 게임

이것은 새로운 컴퓨터 오락 게임이다.

news

[njú:z] 뉴-즈 명 **뉴스, 소식**

This is today's latest news.

디스 이즈 터데이즈 레이티스트 뉴즈

오늘의 최신 뉴스이다.

newspaper

[njú:zpeìpər] 뉴-즈페이퍼 명 **신문**

My father's reading a newspaper.

마이 파-더즈 리딩 어 뉴-즈페이퍼

나의 아버지께서는 신문을 읽고 계신다.

N

next

[nékst] 넥스트 형 다음의 부 다음에

See you next week.

시 유 넥스트 위-크

다음 주에 보자.

nice

[náis] 나이스 형 좋은, 친절한

What a nice weather!

왓 어 나이스 웨더

정말 좋은 날씨야!

night

[náit] 나이트 명 밤

The moon rises at night.

더 무운 라이지즈 앳 나잇

달은 밤에 뜬다.

no

[nóu] 노우 부 아니 형 하나도 없는 명 거부

No smoking.

노우 스모우킹

흡연금지.

nobody

[nóubàdi] 노우바디 대 **아무도 ~않다, 없다**

Nobody showed up.

노우바디 쇼우드 업

아무도 나타나지 않았다.

noise

[nɔ́iz] 노이즈 명 **소음, 잡음**

The classroom was very noisy.

더 클래스룸 워즈 베리 노이지

교실은 매우 시끄러웠다.

none

[nʌ́n] 넌 대 **아무도, 조금도 ~않다**

None of them told the truth.

넌 어브 뎀 토울드 더 트루쓰

아무도 진실을 말하지 않았다.

N

noon

[nú:n] 누운 명 **오전, 정오**

I'll be there by noon.

아윌 비 데어 바이 누운

거기에 정오까지 갈게.

nor

[nɔ́ːr] 노어 접 ~도 ~도 않다

Neither you nor I have a choice.

니이더 유 노어 아이 해브 어 초이스

너도 나도 선택의 여지가 없다.

normal

[nɔ́ːrməl] 노멀 형 보통의, 표준의 명 표준

We are a normal family.

위 아 어 노멀 패멀리

우리는 평범한 가족이다.

north

[nɔ́ːrθ] 노-쓰 명 북, 북쪽 형 북쪽의

Which direction is the north?

위치 디렉션 이즈 더 노-쓰

어느 방향이 북쪽이지?

not

[nát] 낫 부 ~아니다, 않다

This is not a joke.

디스 이즈 낫 어 죠-크

이건 농담이 아니야.

note

[nóut] 노-트 명 메모, 기록 동 적어두다, 주의하다

The man is writing a note.

더 맨 이즈 와이팅 어 노-트

남자가 메모를 하고 있다.

nothing

[nʌ́θiŋ] 나씽 대 아무것도 ~아니다

There is nothing in my bank account.

데어 이즈 나씽 인 마이 뱅크 어카운트

내 통장에는 아무것도 없다.

notice

[nóutis] 노우티스 명 주의, 주목 동 알아차리다

I read the notice carefully.

아이 리드 더 노우티스 케어펄리

나는 그 공지를 주의 깊게 읽었다.

now

[náu] 나우 부 지금, 현재

What time is it now?

웟 타임 이즈 잇 나우?

지금 몇시입니까?

N

number

[nʌ́mbər] 넘버 명 수, 숫자, 번호

* 하나, 둘, 셋처럼 '세는 수'를 말합니다.

one [wʌ́n] 원 1

two [tú:] 투 2

three [θrí:] 쓰리 3

four [fɔ́:r] 풔 4

five [fáiv] 파이브 5

six [siks] 씩스 6

seven [sévən] 세븐 7

eight [eit] 에잇 8

nine [nain] 나인 9

ten [ten] 텐 10

eleven [ilévən] 일레븐 11

twelve [twelv] 투웰브 12

thirteen [θə̀:rtí:n] 썰틴 13

fourteen [fɔ̀:rtí:n] 풔틴 14

fifteen [fìftí:n] 피프틴 15

sixteen [sìkstí:n] 씩스틴 16

seventeen [sèvəntí:n] 세븐틴 17

eighteen [èitíːn] 에이틴 18

nineteen [nàintíːn] 나인틴 19

twenty [twénti] 트웬티 20

twenty-one [twéntiwʌn] 트웬티 원 21

twenty-two [twéntitúː] 트웬티 투 22

thirty [θə́ːrti] 써티 30

forty [fɔ́ːrti] 포어티 40

fifty [fífti] 피프티 50

sixty [síksti] 식스티 60

seventy [sévənti] 세븐티 70

eighty [éiti] 에이티 80

ninety [náinti] 나인티 90

hundred [hʌndrəd] 헌드레드 100

thousand [θáuzənd] 싸우전드 1,000

ten thousand [ten θáuzənd] 텐 싸우전드 10,000

hundred thousand [hʌndrəd θáuzənd] 헌드레드 싸우전드 100,000

million [míljən] 밀리언 1,000,000

billion [bíljən] 빌리언 1,000,000,000

N

O

obey

[oubéi] 오베이 동 **복종하다, 따르다**

Students must obey the school rules.

스투던트스 머스트 오베이 더 스쿨 룰즈

학생들은 학칙을 따라야 한다.

object

[ábdʒikt] 어브젝트 명 **물체, 목표**

she has no object in life.

쉬 해즈 노우 어브젝트 인 라이프

그녀는 인생의 목표가 없다.

observe

[əbzə́:rv] 어브절브 동 **관찰하다, 지키다**

I observed his behavior carefully.

아이 어브절브드 히즈 비헤이브여 케어펄리

나는 그의 행동을 주의 깊게 관찰했다.

obtain

[əbtéin] 업테인 동 **얻다, 획득하다**

We obtained a lot of information from him.

위 업테인드 어 랏 어브 인포어메이션 프럼 힘

우리는 그에게서 많은 정보를 얻었다.

occasion

[əkéiʒən] 어케이전 명 **경우, 때**

I have had several occasions to succeed.

아이 해브 해드 세버럴 어케이전즈 투 석시드

나는 성공할 기회가 여러 번 있었다.

ocean

[óuʃən] 오션 명 **대양, 끝없이 넓음**

The earth has five oceans.

디 어쓰 해즈 파이브 오우션즈

지구에는 5개의 대양이 있다.

o'clock

[əklák] 어클락 부 **시, 시각**

It is eight o'clock in the evening.

잇 이즈 에잇 어클락 인 디 이브닝

지금은 저녁 8시이다.

odd

[ád] 아드 형 **이상한, 홀수의**

A girl likes to do odd actions.

어 걸 라익스 투 두 아드 액션즈

소녀는 기묘한 행동을 하는 것을 좋아한다.

of

[ʌ́v] 어브 전 **~의, ~중의**

I like the color of her dress.

아이 라익 더 컬러 어브 허 드레스

나는 그녀 옷 색깔이 마음에 든다.

off

[ɔ́:f] 어–프 부 전 **떨어져서, 벗어나**

Today is my mom's day off from work.

터데이 이즈 마이 맘즈 데이 어-프 프럼 웍.

오늘은 엄마가 일을 쉬는 날이다.

offer

[ɔ́:fər] 어퍼 동 **제공하다**

The hotel offers the best service.

더 호우텔 어퍼즈 더 베스트 서버스

그 호텔은 최상의 서비스를 제공한다.

office

[ɔ́ːfis] 어피스 명 **사무실**

① **printer** [príntər] 프린터 **프린터**
② **fax** [fǽks] 팩스 **팩스**
③ **telephone** [téləfòun] 텔러포운 **전화**
④ **monitor** [mánətər] 모니터 **모니터**
⑤ **computer** [kəmpjúːtər] 컴퓨러 **컴퓨터**
⑥ **cabinet** [kǽbənit] 캐비닛트 **보관함**
⑦ **briefcase** [bríːfkèis] 브리프 케이스 **서류가방**
⑧ **copy machine** [kápi məʃíːn] 카피 머쉰 **복사기**
⑨ **partition** [paːrtíʃən] 파티션 **칸막이**

often

[ɔ́:fən] 어픈 **부** **자주, 종종**

She often comes to see me.

쉬 어픈 컴즈 투 씨 미

그녀는 종종 나를 보러 온다.

oil

[ɔ́il] 오일 **명** **기름, 석유**

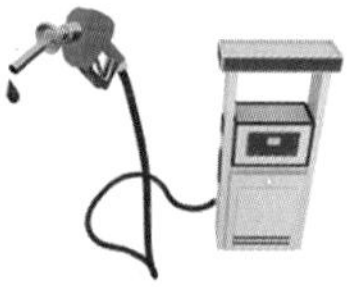

He put oil in his car.

히 풋 오일 인 히즈 카아

그는 차에 기름을 넣었다.

O.K.

[òukéi] 오-케이 **형** **좋은** **부** **좋아, 괜찮아**

It is O.K. to go now?

잇츠 오-케이 투 고 나우

지금 가도 괜찮니?

old

[óuld] 오울드 **형** **나이 든, 늙은, ~년 지난**

My daughter is three years old.

마이 도터 이즈 쓰리 이어즈 오울드

내 딸은 3살이다.

on

[án] 안 전 ~위에, ~에

Your book is on your desk.

유어 북 이즈 안 유어 데스크

너의 책은 너의 책상 위에 있다.

once

[wʌ́ns] 원스 부 한 번, 이전에

I have been to Japan once.

아이 해브 빈 투 저팬 원스

일본에 한 번 가본 적이 있다.

only

[óunli] 오운리 부 단지, 오직 형 유일한

Only you can finish this work.

오운리 유 캔 피니쉬 디스 워-크

오직 너만이 이 일을 끝낼 수 있다.

open

[óupən] 오픈 동 열다

She opened the delivered gift box.

쉬 오픈드 더 딜리버드 기프트 박스

그녀는 배달된 선물 상자를 열었다.

opinion

[əpínjən] 어피니언 명 **의견, 생각**

Your opinion is very excellent.

유어 어피니언 이즈 베리 엑설런트

당신의 의견은 아주 훌륭합니다.

opposite

[ápəzit] 아퍼짓 형 **맞은편의, 반대의** 명 **정반대, 맞은 편**

They went in the opposite direction.

데이 웬트 인 디 아퍼짓 디렉션

그들은 정반대의 방향으로 갔다.

or

[ɔ́:r] 오어 접 **혹은, ~거나 또는**

Would you like fish or meat?

우드 유 라잌 피쉬 오어 밋?

생선으로 드릴까요, 고기로 드릴까요?

order

[ɔ́:rdər] 오-더 동 **명령하다, 주문하다** 명 **명령, 주문, 순서**

What would you like to order?

왓 우드 유 라잌 투 오-더

무엇을 주문하시겠습니까?

operate

[ápərèit] 아퍼레잇트 동 **운전하다, 경영하다**

The heart operates even while sleeping.

더 하아트 아퍼레잇스 이븐 와일 슬리핑

자는 동안에도 심장은 작동한다.

organize

[ɔ́:rgənàiz] 오어거나이즈 동 **조직하다, 편성하다**

The school soccer team organized a new member.

더 스쿨 사커 팀 오어거나이즈드 어 뉴 멤버

학교 축구팀은 새로운 멤버를 조직했다.

original

[ərídʒənl] 어리지널 형 **최초의, 본래의, 독창적인**

The original version of this movie is a novel.

디 어리지널 버전 어브 디스 무비 이즈 어 나벌

이 영화의 원작은 소설이다.

other

[ʌ́ðər] 아더 형 **다른, 그 외의** 대 **다른 사람 것**

Where are the other friends?

웨어 아 디 아더 프렌즈

다른 친구들은 어디 있니?

ought

[ɔ́:t] 어트 조 ~해야 한다 명 책임

You ought to have forgiven her.

유 엇 투 해브 퍼기븐 허

너는 그녀를 용서했어야 했다.

our

[áuər] 아워 대 우리들의(we의 소유격)

This is our school.

디스 이즈 아워 스쿠울

이것은 우리의 학교야.

ours

[áuərz] 아워즈 대 우리들의 것(we의 소유대명사)

No way, the victory of the match is ours.

노-웨이, 더 빅터어리 어브 더 매치 이즈 아워즈

천만에, 그 시합의 승리는 우리의 것이야.

out

[áut] 아웃 부 밖에, 밖으로 전 밖의

The boss is out now.

더 보스 이즈 아웃 나우

사장님은 지금 외출중입니다.

outside

[áutsáid] 아웃사이드 명 밖 형 바깥쪽의, 밖의

The children are playing outside.

더 췰드런 아 플레잉 아웃사이드

아이들은 밖에서 놀고 있다.

over

[óuvər] 오우버 전 위에, 위로 부 넘어서, 끝나서

Pubs can only go over 18 years old.

펍즈 캔 오운리 고우 오우버 에이틴 이어즈 오울드

술집은 18세 이상만 갈 수 있다.

own

[óun] 오운 형 자기 자신의 동 소유하다

It is my own idea.

잇츠 마이 오운 아이디어

이것은 내 자신의 생각이다.

owner

[óunər] 오우너 명 주인, 소유자

I am the owner of the building.

아이 앰 디 오우너 어브 더 빌딩

그 건물의 주인은 나다.

P

package

[pǽkidʒ] 패키쥐 명 **소포, 짐**

Can you carry the package?

캔 유 캐리 더 패키쥐

이 짐은 나를 수 있겠니?

page

[péidʒ] 페이쥐 명 **페이지, 쪽**

Read the first page of this book.

리드 더 퍼스트 페이쥐 어브 디스 북

이 책의 첫 페이지를 읽어봐.

pain

[péin] 페인 명 **아픔, 고통**

She couldn't sleep in pain.

쉬 쿠던트 슬립 인 페인

그녀는 아파서 잠을 잘 수가 없었다.

paint

[péint] 페인트 동 **그리다, 칠을 하다** 명 **페인트**

Paint the wall with the blue paint.

페인트 더 워얼 위드 더 블루 페인트

벽에 파란색 페인트를 칠해라.

pair

[pέər] 페어 명 **한 쌍, 한 벌**

There is a pair of boots.

데어 이즈 어 페어 어브 붓츠

부츠 한 켤레가 있다.

palace

[pǽlis] 팰리스 명 **궁전**

Palaces are big and beautiful.

팰리시즈 아 빅 앤드 뷰-티플

궁전들은 크고 아름다워.

paper

[péipər] 페이퍼 명 **종이**

A book is made of paper.

어 북 이즈 메이드 어브 페이퍼

책은 종이로 되어있다.

P

pardon

[pá:rdn] 파-든 동 **용서하다** 명 **용서, 관용**

I beg your pardon.

아이 베그 유어 파-든

죄송합니다.

parent

[pέərənt] 페(어)런트 명 **부모(보통 복수인 parents로 사용)**

My parents gave me a present.

마이 페어런츠 게이브 미 어 프레즌트

부모님께서 선물을 주셨다.

park

[pá:rk] 파-크 명 **공원** 동 **주차하다**

Let's meet at the Olympic park.

렛츠 밋 앳 디 얼림픽 파-크

올림픽 공원에서 만나자.

part

[pá:rt] 파-트 명 **부분, 일부**

My part in the company is sales.

마이 파아트 인 더 컴퍼니 이즈 세일즈

회사에서 내가 맡은 일은 영업이다.

P

particular

[pərtíkjulər] 퍼티큘러 형 특별한, 특정한

Is there anything particular in today's paper?

이즈 데어 에니씽 퍼티큘러 인 터데이즈 페이퍼

오늘 신문에 특별한 내용이 있나요?

partner

[pá:rtnər] 파-트너 명 동료, 파트너, 협력자

She is my partner in my life.

쉬 이즈 마이 파-트너 인 마이 라이프

그녀는 내 인생의 동반자이다.

party

[pá:rti] 파-티 명 모임, 화합, 파티

My birthday party is today.

마이 버쓰데이 파-티 이즈 터데이

내 생일파티는 오늘이다.

pass

[pǽs] 패스 동 지나가다, 합격하다, 건네주다 명 패스

I hope you will pass the test.

아이 호읍 유 윌 패스 더 테스트

나는 네가 시험에 합격하길 희망한다.

passenger

[pǽsəndʒər] 패신저 명 승객

Passengers, please take your seats.

패신저즈, 플리즈 테잌 유어 씻

승객 여러분, 자리에 앉으세요.

past

[pǽst] 패스트 명 과거 형 지나간, 과거의 전 ~을 지나

In the past he was a teacher.

인 더 패스트 히 워즈 어 티-춰

그는 과거에는 선생님이었어.

path

[pǽθ] 패쓰 명 길, 진로

This path is too narrow.

디스 패쓰 이즈 투 내로-

이 길은 너무 좁다.

patient

[péiʃənt] 페이션트 명 환자 형 인내심 있는

He is very patient.

히 이즈 베리 페이션트

그는 인내심이 강하다.

P

pattern

[pǽtərn] 패턴 명 **모형, 무늬, 패턴**

I like clothes with a modern pattern.

아이 라익 클로우즈 윗 어 마던 패턴

나는 현대적인 패턴의 옷을 좋아한다.

pay

[péi] 페이 동 **지불하다, 보상하다** 명 **임금**

I have to pay taxes every month.

아이 해브 투 페이 택스즈 에브리 먼쓰

나는 매달 세금을 내야 한다.

peace

[píːs] 피–스 명 **평화**

We all love the peace.

위 올 러브 더 피–스

우리 모두는 평화를 사랑한다.

peanut

[píːnʌ̀t] 피–넛 명 **땅콩**

I like bread with peanut butter.

아이 라익 브렛 위드 피–넛 버터

나는 땅콩 버터 바른 빵을 좋아한다.

pen

[pén] 펜 명 **펜**

I write well with my favorite pen.

아이 라이트 웰 위드 마이 페이브릿 펜

나는 내가 좋아하는 펜으로 글을 잘 쓴다.

pencil

[pénsəl] 펜설 명 **연필**

Mark the answers with your pencil.

마아크 디 앤서즈 위드 유어 펜설

연필로 답을 표시해라.

people

[píːpl] 피–플 명 **사람들, 국민, 민족**

There are many people in the zoo.

데어 아아 메니 피–플 인 더 주

많은 사람이 동물원에 있다.

perfect

[pə́ːrfikt] 퍼–펙트 형 **완전한, 완벽한**

Your English is good, but not perfect.

유어 잉글리쉬 이즈 굿, 벗 낫 퍼–펙트

너의 영어는 훌륭하지만 완전하지는 않다.

perhaps

[pərhǽps] 퍼햅스 부 **아마도, 어쩌면**

Perhaps, you are right.

퍼햅스, 유 아 라이트

아마 당신 말이 맞을 거예요.

period

[píːəriəd] 피어리어드 명 **기간, 시기**

Winter is a difficult period for animals.

윈터 이즈 어 디퍼컬트 피어리어드 포어 애너멀즈

겨울은 동물들에게 힘든 시기이다.

permit

[pərmít] 퍼밋 동 **허락하다**

Talk in class is not permitted.

톡 인 클래스 이즈 낫 퍼미티드

수업시간에 대화하는 것은 허용되지 않는다.

person

[pə́ːrsn] 퍼–슨 명 **사람, 개인**

Who is that person?

후 이즈 댓 퍼–슨

저 사람은 누구니?

P

pet

[pét] 펫 명 **애완 동물**

What is your favorite pet?

왓 이즈 유어 페이버릿 펫

네가 가장 좋아하는 애완 동물은 뭐니?

phone

[fóun] 포운 명 **전화** 동 **전화를 걸다(=telehpone)**

What is your cell phone number?

왓 이즈 유어 셀 포운 넘버?

너의 핸드폰 전화번호는 어떻게 되니?

photograph

[fóutəgræ̀f] 퍼터그래프 명 **사진** 동 **사진을 찍다**

Please, take a photography of us.

플리-즈, 테익 어 퍼터그래프 어브 어스

사진 좀 찍어 주세요. 부탁합니다.

piano

[piǽnou] 피애노우 명 **피아노**

I play the piano very well.

아이 플레이 더 피애노우 베리 웰

나는 피아노를 아주 잘 친다.

pick

[pík] 픽 동 줍다, 따다, 고르다

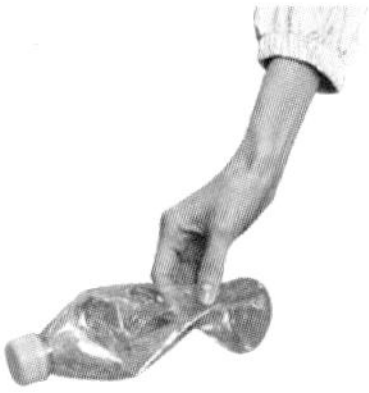

Please pick up the trash

플리-즈 픽 업 더 트래쉬

쓰레기 좀 주워 주세요.

picnic

[píknik] 피크닉 명 소풍

Let's go on a picnic.

렛츠 고- 안 어 피크닉

소풍 가자.

picture

[píktʃər] 픽처 명 그림, 사진

That picture is very unique.

댓 픽쳐 이즈 베리 유닉크

저 그림은 매우 독특하다.

piece

[pí:s] 피-스 명 조각

Do you want a piece of cake?

두 유 원트 어 피-스 어브 케이크

케이크 한 조각 먹을래?

pile

[páil] 파일 명 **더미, 쌓아올린 것** 동 **쌓다, 축적하다**

The pile of books fell down.

더 파일 어브 북스 펠 다운

책 더미가 넘어졌다.

pillow

[pílou] 필로우 명 **베개**

Which pillow is yours?

위치 필로우 이즈 유어즈

어느 베개가 너의 것이니?

pilot

[páilət] 파일럿 명 **비행기 조종사**

My brother is an airplane pilot.

마이 브러더 이즈 안 에어플레인 파일럿

내 형은 비행기 조종사다.

pin

[pín] 핀 명 **핀, 못, 바늘** 형 **핀으로 꽂다, 고정하다**

This pin is not sharp.

디스 핀 이즈 낫 샤-프

이 핀은 날카롭지 않다.

P

pipe

[páip] 파이프 명 **관, 파이프**

Water comes to our houses through pipes.

워터 컴즈 투 아워 하우스즈 쓰루 파이프스

물은 파이프를 통해 우리 집으로 온다.

place

[pléis] 플레이스 명 **장소** 동 **놓다**

This is a very famous place.

디스 이즈 어 베리 페이머스 플레이스

이곳은 매우 유명한 장소이다.

plain

[pléin] 플레인 형 **명백한, 간소한, 솔직한**

Explain it in plain English.

익스플레인 잇 인 플레인 잉글리쉬

쉬운 영어로 설명해 주세요.

plan

[plǽn] 플랜 명 **계획** 동 **계획하다**

What's your plan for the summer vacation?

왓츠 유어 플랜 포 더 써머 베케이션

너의 여름 방학 계획은 뭐니?

plane

[pléin] 플레인 명 **비행기**

A plane is flying in the sky.

어 플레인 이즈 플라잉 인 더 스카이

하늘에 비행기 한 대가 날고 있어.

• **airplane**의 생략형

plant

[plǽnt] 플랜트 명 **식물** 동 **심다**

All plants need water and light.

올 플랜츠 니-드 워터 앤 라이트

모든 식물은 물과 빛이 필요하다.

plastic

[plǽstik] 플래스틱 명 **플라스틱**

Plastic has a lot of uses.

플래스틱 해즈 어 랏 어브 유지즈

플라스틱은 쓰임새가 많다.

plate

[pléit] 플레이트 명 **접시, 쟁반**

Who broke this plate?

후- 브로우크 디스 플레이트

누가 이 접시를 깼니?

play

[pléi] 플레이 동 놀다, 연주하다 명 놀이, 연극

The students played after school.

더 스투던트스 플레이드 애프터 스쿨

학생들은 방과후에 놀았다.

• **player**

명 선수, 연주자, 배우

playground

[pléigràund] 플레이그라운드 명 운동장, 놀이터

There are many children in the playground.

데어 아 메니 췰드런 인 더 플레이그라운드

운동장에 아이들이 많이 있다.

pleasant

[plézənt] 플레전트 형 즐거운, 유쾌한

We spent a very pleasant party.

위 스펜트 어 베리 플레전트 파-티

우리는 아주 즐거운 파티를 보냈다.

please

[plíːz] 플리-즈 부 제발, 부디

Please, help me.

플리-즈, 헬프 미

제발 도와 주세요.

P

plenty

[plénti] 플렌티 명 **풍부, 많음**

There is plenty of free time.

데어 이즈 플렌티 어브 프리- 타임

자유 시간은 충분하다.

p.m/P.M.

[pí:ém] 피-엠 약 **오후(라틴어)**

I'll be back home by 2:30 p.m.

아윌 비 백 홈 바이 투 써티- 피엠

저는 오후 2시 30분까지 집으로 돌아올 겁니다.

pocket

[pákit] 파킷 명 **호주머니**

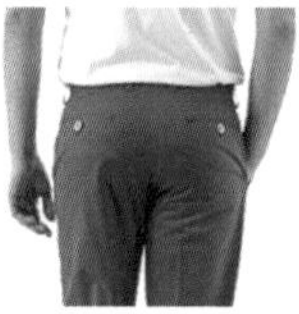

Put your hands in your pockets.

풋 유어 핸즈 인 유어 파키츠

손을 호주머니에 넣어.

poem

[póuəm] 포우엄 명 **시**

I wrote a lot of poems.

아이 로우트 어 랏 어브 포우엄즈

나는 시를 많이 썼다.

point

[pɔ́int] 포인트 명 **점, 요점** 동 **가리키다**

He pointed at me with his finger.

히 포인티드 앳 미 위드 히즈 핑거

그는 손가락으로 나를 가리켰다.

poison

[pɔ́izn] 포이즌 명 **독**

Some plants have poison.

섬 플랜트스 해브 포이즌

어떤 식물들은 독을 가지고 있다.

pole

[póul] 포울 명 **긴 막대기, 장대, 폴**

He tried a high jump with a pole.

히 트라이드 어 하이 점프 위드 어 포울

그는 장대로 높이 뛰기를 시도했다.

police

[pəlíːs] 펄리–스 명 **경찰**

The police are always busy.

더 펄리스 아 올웨이즈 비지

경찰은 항상 바쁘다.

- **police station**
  명 경찰서

polite

[pəláit] 펄라이트 형 **공손한, 예의 바른**

She is always polite to people.

쉬 이즈 올웨이즈 펄라이트 투 피펄

그녀는 항상 사람들에게 예의바르다.

pollution

[pəlú:ʃən] 펄루션 명 **오염, 공해**

The air pollution is serious today.

디 에어 펄루션 이즈 시어리어스 터데이

오늘 대기오염이 심각하다.

pool

[pú:l] 푸울 명 **수영장, 풀**

We swam in the swimming pool.

위 스왬 인 더 스위밍 푸울

우리는 수영장에서 수영했다.

poor

[púər] 푸어 형 **가난한, 불쌍한**

He was poor when he was young.

히 워즈 푸어 웬 히 워즈 영

그는 젊었을 때 가난했다.

popular

[pápjulər] 파퓰러 형 **인기 있는**

The singer is very popular in Korea.

더 싱거 이즈 베리 파퓰러 인 코리아

그 가수는 한국에서 아주 인기가 있어.

population

[pàpjuléiʃən] 파퓰레이션 명 **인구**

What is the population of Seoul.

왓 이즈 더 파퓰레이션 어브 소울

서울의 인구는 몇 명입니까?

port

[pɔːrt] 포-트 명 **항구, 항만**

The ferry is entering the port.

더 페리 이즈 엔터링 더 포-트

여객선이 입항하고 있다.

position

[pəzíʃən] 퍼지션 명 **위치, 자리**

Keep your position.

키입 유어 퍼지션

너의 자리를 지켜.

P

possible

[pásəbl] 파서블 형 **가능한, 있을 수 있는**

I'll be there as soon as possible.

아윌 비 데어 애즈 수운 애즈 파서블

가능한 한 빨리 그곳으로 갈게.

post

[póust] 포우스트 명 **우편, 우편물** 동 **우송하다**

• **post office**

명 우체국

I'll send the documents by post.

아윌 샌드 더 다켜맨트스 바이 포우스트

서류는 우편으로 보내겠습니다.

pot

[pát] 팟 명 **냄비, 솥**

Eat the soup in the pot.

잇 더 숩 인 더 팟

냄비 안에 있는 수프를 먹어라.

pour

[pɔ̀:r] 포–어 동 **쏟다, 붓다**

She poured me a cup of tea.

쉬 포어드 미 어 컵 어브 티

그녀는 나에게 차 한 잔을 따랐다.

power

[páuər] 파워 명 힘

The power of love is great.

더 파워 어브 러브 이즈 그레잇

사랑의 힘은 위대해.

practice

[prǽktis] 프랙티스 명 연습, 실천 동 연습하다

Practice a lot before the game.

프랙티스 어 랏 비포- 더 게임

시합 전에 연습을 많이 해라.

praise

[préiz] 프레이즈 동 칭찬하다 명 칭찬

I praised my son for his honesty.

아이 프레이즈드 마이 선 포어 히즈 아너스티

나는 아들의 정직함을 칭찬했다.

prefer

[prifə́ːr] 프리퍼 동 좋아하다, 선호하다

I prefer pants to skirts.

아이 프러퍼 팬트스 투 스커트스

나는 치마보다 바지를 더 좋아한다.

prepare

[pripέər] 프리페어 동 **준비하다**

Mom is preparing dinner.

맘 이즈 프리페어링 디너

엄마는 저녁을 준비하고 계신다.

present1

[préznt] 프레젠트 형 **참석한, 현재의** 명 **현재**

Write down your present address here.

라이트 다운 유어 프레전트 애드레스 히어

여기에 당신의 현재 주소를 적으세요.

present2

[prizént] 프리젠트 동 **선물하다, 주다**

My father presented a computer to me.

마이 파-더 프리젠티드 어 컴퓨-터 투 미

나의 아버지께서 나에게 컴퓨터를 선물하셨어.

president

[prézədənt] 프레지던트 명 **대통령**

The boy's dream is to become president.

더 보이즈 드림 이즈 투 비컴 프레지던트

그 소년의 꿈은 대통령이 되는 것이다.

press

[prés] 프레스 동 ~을 누르다 명 신문, 출판물

Press this button to move the machine.

프레스 디스 버턴 투 무브 더 머쉰

이 버튼을 누르면 기계가 움직인다.

pretend

[priténd] 프리텐드 동 가장하다, ~인 체하다

She pretends to know everything.

쉬 프리텐즈 투 노우 에브리씽

그녀는 뭐든지 아는체 해.

pretty

[príti] 프리티 형 예쁜, 귀여운

The girl is very pretty.

더 거얼 이즈 베리 프리티

그 소녀는 아주 귀엽다.

price

[práis] 프라이스 명 가격

What is the price of the doll?

왓 이즈 더 프라이스 어브 더 달

인형의 가격은 얼마입니까?

P

pride

[práid] 프라이드 명 **자존심, 긍지, 자랑**

He takes pride in his work.

히 테익스 프라이드 인 히즈 웤

그는 자신의 일에 자부심을 느낀다.

prince

[príns] 프린스 명 **왕자**

He is a prince of England.

히 이즈 어 프린스 어브 잉글런드

그는 영국의 왕자야.

- **princess**

  명 공주

print

[prínt] 프린트 명 **인쇄물, 자국** 동 **인쇄하다**

He printed out his homework.

히 프린티드 아웃 히즈 홈워크

그는 그의 숙제를 프린트했다.

prison

[prízn] 프리즌 명 **교도소, 감옥**

The thief was sent to prison.

더 씨프 워즈 센트 투 프리즌

도둑은 감옥에 보내졌다.

P

prize

[práiz] 프라이즈 명 **상**

He won the Nobel prize.

히 원 더 노-벨 프라이즈

그는 노벨상을 탔다.

probably

[prábəbli] 프라버블리 부 **아마, 대게는**

Probably he will come tomorrow.

프라버블리 히 윌 컴 터마아로우

아마도 그는 내일 올 것이다.

problem

[prábləm] 프라블럼 명 **문제**

What's the problem?

와츠 더 프라블럼

뭐가 문제니?(무슨 문제 있니?)

produce

[prədjú:s] 프러듀-스 동 **생산하다, 만들어내다**

They produce lots of toys.

데이 프러듀-스 랏츠 어브 토이즈

그들은 많은 장난감을 만들어낸다.

progress

[prágres] 프라그레스 명 **전진, 진행** 동 **전진하다**

She has made progress this year.

쉬 해즈 메이드 프라그레스 디스 이어

그녀는 올 한해 발전을 거듭했다.

promise

[prámis] 프라미스 명 **약속** 동 **약속하다**

She always keeps her promise.

쉬 올웨이즈 킵스 허 프라미스

그녀는 항상 약속을 잘 지킨다.

propose

[prəpóuz] 프러포즈 동 **제안하다, 청혼하다**

He proposed to me last night.

히 프러포우즈드 투 미 라스트 나이트

그는 어젯밤에 나에게 청혼했다.

protect

[prətékt] 프러텍트 동 **보호하다**

Wear the gloves to protect your hands.

웨어 더 글러브즈 투 프러텍트 유어 핸즈

손을 보호하기 위해 장갑을 끼렴.

proud

[práud] 프라우드 형 **자랑스럽게 생각하는**

His parents are proud of him.

히즈 페런트스 아 프라우드 어브 힘

그의 부모님은 그를 자랑스러워 한다.

prove

[prú:v]] 프루브 동 **증명하다**

Prove you're right.

프루브 유어 라이트

네가 옳다는 걸 증명해봐.

provide

[prəváid] 프러바이드 동 **제공하다**

Trees provide us with clean air.

트리즈 프러바이드 어스 위드 클린 에어

나무는 우리에게 깨끗한 공기를 제공한다.

public

[pʌ́blik] 퍼블릭 형 **공공의, 공립의** 명 **대중**

My school is a public school.

마이 스쿠울 이즈 어 퍼블릭 스쿠울

나의 학교는 공립학교입니다.

P

publish

[pʌ́bliʃ] 퍼블리쉬 동 **출판하다, 발표하다**

She published a collection of poems.

쉬 퍼블리쉬트 어 컬렉션 어브 포우엄즈

그녀는 시집을 출판했다.

pull

[púl] 풀 동 **당기다**

You push and I'll pull.

유 푸쉬 앤 아윌 풀

네가 밀면 내가 당길게.

punish

[pʌ́niʃ] 퍼니쉬 동 **처벌하다**

They were punished for being late.

데이 워 퍼니쉬트 포어 비잉 레이트

그들은 지각해서 벌을 받았다.

pure

[pjúər] 퓨어 형 **깨끗한, 순수한**

We go to the mountain for pure air.

위 고우 투 더 마운턴 풔 퓨어 에어

우리는 맑은 공기를 마시러 산에 간다.

purpose

[pə́ːrpəs] 퍼퍼스 명 **목적, 의도**

His actions have a clear purpose.

히즈 액션즈 해브 어 클리어 퍼퍼스

그의 행동에는 분명한 목적이 있다.

push

[púʃ] 푸쉬 동 **밀다**

Push the door open.

푸쉬 더 도어 오픈

문을 밀어서 여세요.

put

[pút] 풋 동 **놓다**

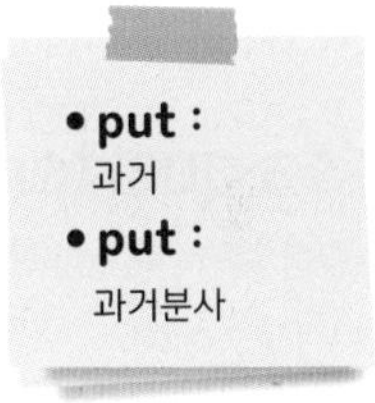

Put the box on the table.

풋 더 박스 안 더 테이블

그 상자를 탁자 위에 놓아라.

puzzle

[pʌ́zl] 퍼즐 명 **퍼즐, 수수께끼**

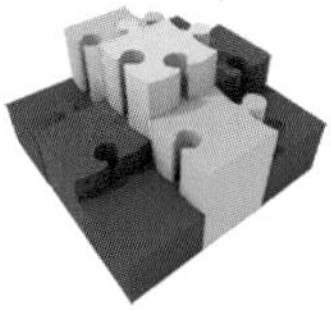

This puzzle is hard to solve

디스 퍼즐 이즈 하-드 투 설브

이 퍼즐은 풀기가 어렵다.

P

Q

quality

[kwáləti] 퀄러티 명 **품질, 특성**

This restaurant has good food quality.

디스 레스터란트 해즈 굿 푸드 퀄러티

이 식당은 음식 질이 좋다.

quarter

[kwɔ:rtét] 쿼–터 명 **4분의 1, 15분**

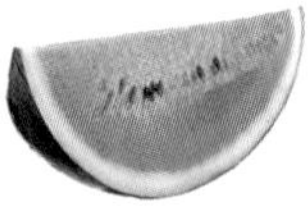

It's a quarter past eight.

잇츠 어 쿼-터 패스트 에잇

8시 15분이야.

queen

[kwí:n] 퀴인 명 **여왕, 왕비**

The queen is still beautiful.

더 퀴인 이즈 스틸 뷰-티플

여왕은 여전히 아름답다.

question

[kwéstʃən] 퀘스천 명 **질문**

Do you have any question?

두 유 해브 에니 퀘스쳔

질문 있니?

quick

[kwík] 퀵 형 **빠른, 신속한**

You're very quick thinking

유 아 베리 퀵 씽킹

생각이 빠르시네요.

- **quickly**
  부 빨리

quiet

[kwáiət] 콰이어트 형 **조용한**

Be quiet!

비 콰이엇

조용히 해!

quite

[kwáit] 콰이트 부 **아주, 완전히, 전적으로**

Your dress is quite nice.

유어 드레스 이즈 콰이트 나이스

너의 옷은 아주 멋있어.

R

rabbit

[rǽbit] 래비트 명 **토끼**

The rabbit has very long ears.

더 래비트 해즈 베리 로옹 이어즈

토끼는 아주 긴 귀를 가지고 있다.

race

[réis] 레이스 명 **경주**

I want to attend the race too.

아이 원 투 어텐드 더 레이스 투-

나도 그 경주에 참가하고 싶다.

racket

[rǽkit] 라키트 명 **라켓**

He broke my tennis racket.

히- 브로우크 마이 테니스 라키트

그가 내 테니스 라켓을 부러뜨렸다.

R

radio

[réidiòu] 레이디오우 명 **라디오**

Turn on the radio.

턴 안 더 레이디오우

라디오를 켜라.

railway

[réilwèi] 레일웨이 명 **철도**

The train runs on the railway.

더 트레인 런스 안 더 레일웨이

기차가 철도를 달린다.

rain

[réin] 레인 명 **비** 동 **비가 오다**

Is it raining outside?

이즈 잇 레이닝 아웃사이드

밖에 비가 오고 있니?

rainbow

[réinbòu] 레인보우 명 **무지개**

The rainbow has seven colors.

더 레인보우 해즈 세븐 컬러즈

무지개는 일곱가지 색을 가지고 있다.

raise

[réiz] 레이즈 동 **들어올리다**

Raise your hand if you know the answer.

레이즈 유어 핸드 이프 유 노우 디 앤서

정답을 아는 사람은 손을 들어올리세요.

rapid

[rǽpid] 라피드 형 **빠른, 신속한**

The cheetah is one of the rapid animals.

더 치터 이즈 원 어브 더 라피드 애너멀즈

치타는 빠른 동물 중 하나이다.

rather

[rǽðər] 레더 부 **차라리, 오히려, 약간**

It is rather cold today.

잇 이즈 래더 코울드 터데이

오늘은 약간 춥다.

raw

[rɔ́ː] 로- 형 **날것의, 가공하지 않은**

The lion eats raw meat.

더 라이언 잇츠 로- 미-트

사자는 날고기를 먹는다.

reach

[ríːtʃ] 리–취 동 **도착하다, 잡다, 닿다**

When will he reach here?

웬 윌 히 리-취 히어

그가 언제 여기에 도착할까?

read

[ríːd] 리–드 동 **읽다, 독서하다**

I can read and write English.

아이 캔 리-드 앤드 라이트 잉글리쉬

나는 영어를 읽고 쓸 수 있다.

- **read :** 과거
- **read :** 과거분사

ready

[rédi] 레디 형 **준비된**

Are you ready to leave?

아 유 레디 투 리-브

떠날 준비 됐니?

real

[ríːəl] 리–얼 형 **진짜의, 실제의, 현실의**

This is a real story.

디스 이즈 어 리-얼 스토리

이것은 실제 이야기다.

R

really

[rí:əli] 리-얼리 부 **정말로, 참으로**

It's really hot today.

잇츠 리-얼리 핫 터데이

오늘 날씨가 정말 덥다.

reason

[rí:zn] 리즌 명 **이유, 원인**

What do you have so many reason?

왓 두 유 해브 소우 메니 리즌

왜 그렇게 많은 이유가 있니?

receive

[risí:v] 리시브 동 **받다, 얻다**

I received a letter from him.

아이 리시브드 어 레터 프럼 힘

나는 그에게서 편지를 받았다.

recently

[rí:sntli] 리센틀리 부 **최근에, 요즈음**

Recently, he gained a lot of weight.

리센틀리, 히 게인드 어 랏 어브 웨잇

최근에 그는 살이 많이 쪘다.

recognize

[rékəgnàiz] 레커나이즈 동 **인정하다, 알다**

He must recognized his failure.

히 머스트 레커나이즈드 히즈 페일르여

그는 자신의 실패를 인정해야만 한다.

recommend

[rèkəménd] 레커멘드 동 **추천하다, 권하다**

I recommended her to the company.

아이 레커멘디드 허 투 더 컴퍼니

나는 그녀를 회사에 추천했다.

record

[rikɔ́ːrd] 리코드 동 **기록하다** 명 **기록**

I recorded the player's record.

아이 러코어더드 더 플레여즈 리코드

나는 그 선수의 기록을 기록했다.

recover

[rikʌ́vər] 리커버 동 **회복하다, 되찾다**

He recovered his health by exercising.

히 러커버드 히즈 헬쓰 바이 엑서사이징

그는 운동을 해서 건강을 회복했다.

R

reduce

[ridjú:s] 리두스 동 줄이다, 낮추다

Mom reduced the cost of living.

맘 리두스트 더 코스트 어브 리빙

엄마는 생활비를 줄였다.

refuse

[rifjú:z] 리퓨즈 동 거절하다

He refused my help.

히 리퓨즈드 마이 헬프

그는 나의 도움을 거절했다.

regard

[rigá:rd] 리가아드 동 ~으로 여기다 명 관심, 고려

I regard him as my friend.

아이 리가아드 힘 애즈 마이 프렌드

나는 그를 나의 친구로 여긴다.

regret

[rigrét] 리그렛트 명 유감, 후회 동 후회하다

I regretted not having breakfast.

아이 리그레티드 낫 해빙 브렉퍼스트

아침을 못 먹은 것을 후회했다.

regular

[régjulər] 레귤러 형 **규칙적인, 일상적인**

Regular exercise is good for health.

레귤러 엑서사이즈 이즈 굿 포어 헬쓰

규칙적인 운동은 건강에 좋다.

relative

[rélətiv] 렐러티브 형 **관계있는** 명 **친척**

Mr. Kim doesn't have any relatives in Seoul.

미스터 킴 더즌트 해브 에니 렐러티브즈 인 소울

김씨는 서울에 친척이 없다.

R

relax

[rilǽks] 릴렉스 동 **휴식을 취하다, 쉬다**

I relaxed at the beach on my vacation.

아이 릴랙스트 앳 더 비치 안 마이 베이케이션

나는 휴가 때 해변에서 휴식을 취했다.

remain

[riméin] 리메인 동 **남다, 머무르다**

A dog can't remain quiet for a long.

어 도그 캔트 리메인 콰엇 포어 어 롱

개는 오랫동안 조용히 있을 수 없다.

remember

[rimémbər] 리멤버 동 **기억하다**

Do you remember me?

두 유 리멤버 미

나를 기억하니?

remove

[rimú:v] 리무브 동 **제거하다**

I removed the desk from the room.

아이 리무브드 더 데스크 프럼 더 룸

나는 방에서 책상을 치웠다.

rent

[rént] 렌트 동 **(집이나 방 등을) 임대하다, 세얻다**

She rents rooms only to students.

쉬- 렌츠 루움즈 온리 투 스튜-던츠

그녀는 오직 학생들에게만 세를 놓는다.

repair

[ripέər] 리페어 동 **수선하다, 고치다**

He is repairing his glasses.

히즈 리페어링 히즈 글래시즈

그는 안경을 고치고 있다.

repeat

[ripíːt] 리피-트 동 **되풀이하다, 반복하다**

Just repeat once more.

저스트 리피-트 원스 모어

다시 한 번 말해 보세요.

reply

[ripláí] 리플라이 동 **대답하다** 명 **대답**

He didn't reply my question.

히 디든트 리플라이 마이 퀘스천

그는 내 질문에 대답하지 않았다.

report

[ripɔ́ːrt] 리포-트 명 **보고, 보고서** 동 **보고하다**

Did you finish your report?

디쥬 피니쉬 유어 리포-트

너 보고서 다 작성했니?

require

[rikwáiər] 리콰이어 동 **요구하다, 요청하다**

He required me to be quiet.

히 리콰일드 미 투 비 콰이엇

그는 나에게 조용히 하라고 요구했다.

research

[risə́ːrtʃ] 리서치 명 **연구, 조사** 동 **연구하다**

My father is always busy with research.

마이 파더 이즈 올웨이즈 비지 위드 리서치

아버지는 항상 연구로 바쁘다.

respect

[rispékt] 리스펙트 동 **존경하다** 명 **존경, 경의**

We should respect the teacher.

위 슈드 리스펙트 더 티처

우리는 선생님을 존경해야 한다.

rest

[rést] 레스트 명 **휴식**

You need to take a rest.

유 니-드 투 테익 어 레스트

너는 휴식을 취해야 해.

restaurant

[réstərənt] 레스터런트 명 **식당, 레스토랑**

Let's have lunch at the restaurant.

렛츠 해브 런취 앳 더 레스터런트

그 식당에서 점심을 먹자.

result

[rizʌ́lt] 리절트 명 **결과, 성적**

Efforts produce good results.

에퍼트스 프로듀스 굿 리절트스

노력은 좋은 결과를 낳는다.

return

[ritə́:rn] 리턴 동 **돌아가다, 돌아오다, 돌려주다**

Please return my book by tomorrow.

플리즈 리턴 마이 북 바이 터마아로우

내일까지 제 책을 돌려주세요.

rice

[ráis] 라이스 명 **쌀, 밥**

Koreans live on rice.

커리언즈 리브 안 라이스

한국인들은 쌀을 먹고 산다(쌀이 주식이다).

rich

[rítʃ] 리취 형 **돈많은, 부유한**

She dreamed of being rich.

쉬 드림드 어브 비잉 리치

그녀는 부자가 되는 꿈을 꾸었다.

R

ride

[ráid] 라이드 동 **타다** 명 **(자동차 등을) 타기**

- **rode** : 과거
- **ridden** : 과거분사

Can you ride a bicycle?

캔 유- 라이드 어 바이시컬

너 자전거를 탈 수 있니?

right

[ráit] 라이트 형 **오른쪽의, 옳은, 바른** 명 **오른쪽**

The store is on the right side of the street.

더 스토어 이즈 안 더 라이트 사이드 어브 더 스트릿

가게는 길 오른쪽에 있다.

ring[1]

[ríŋ] 링 명 **반지, 고리**

My mother always wears her wedding ring.

마이 마덜 올웨이즈 웨어즈 허 웨딩 링

어머니께서는 언제나 결혼 반지를 끼고 계신다.

ring[2]

[ríŋ] 링 동 **(벨, 종 등이) 울리다**

Did the telephone ring?

디드 더 텔리포운 링

전화벨이 울렸니?

rise

[ráiz] 라이즈 동 (솟아)오르다, 증가하다

The sun rises in the east.

더 썬 라이지즈 인 디 이-스트

해는 동쪽에서 뜬다.

• rose : 과거
• risen : 과거분사

river

[rívər] 리버 명 강

The river was frozen by the cold.

더 리버 워즈 프로우즌 바이 더 코울드

강이 추위로 얼어붙었다.

R

road

[róud] 로우드 명 길

It's dangerous to play in the road.

잇츠 데인져러스 투 플레이 인 더 로우드

길에서 노는 것은 위험하다.

rock

[rák] 락 명 바위

A rock fell and hurt a boy.

어 락 펠 앤드 허트 어 보이

바위가 떨어져 소년을 다치게 했다.

rocket

[rákit] 라케트 명 **로케트**

I'm making a model rocket.

아임 메이킹 어 마델 라케트

나는 모형 로켓을 만들고 있다.

roll

[róul] 로울 동 **굴리다, 구르다**

The ball rolled into the hole.

더 보올 로울드 인투 더 호울

공이 구멍으로 굴러 들어갔다.

romantic

[roumǽntik] 로우맨틱 형 **로맨틱한, 낭만적인**

He is a very romantic man.

히 이즈 어 베리 로우맨틱 맨

그는 아주 낭만적인 남자다.

roof

[rú:f] 루-프 명 **지붕**

There's a bird nest on the roof.

데어즈 어 버-드 네스트 안 더 루-프

지붕 위에 새 둥지가 하나 있다.

room
[rú:m] 루움 명 **방**

My house has three rooms.

마이 하우스 해즈 쓰리 룸즈

우리 집은 방이 세 개 있다.

root
[rú:t] 루–트 명 **뿌리**

The plant can't live without the roots.

더 플랜트 캔트 리브 윗다웃 더 루–츠

식물은 뿌리 없이는 살지 못한다.

rope
[róup] 로우프 명 **밧줄, 로프**

This rope is too short.

디스 로우프 이즈 투- 쇼-트

이 밧줄은 너무 짧다.

rose
[róuz] 로우즈 명 **장미**

The rose is a charming flower.

더 로우즈 이즈 어 챠-밍 플라워

장미는 매력적인 꽃이다.

R

rough

[rʌ́f] 러프 **형** **거친**

Cars are running on the rough road.

카-즈 아 러닝 안 더 러프 로우드

차들이 거친 길 위를 달린다.

round

[ráund] 라운드 **형** **둥근**

We have round dishes.

위 해브 라운드 디쉬즈

우리는 둥근 접시들을 가지고 있다.

route

[rú:t] 루트 **명** **길, 노정**

What is the shortest route from here to home.

왓 이즈 더 쇼어티스트 루트 프럼 히어 투 호움

여기서 집까지 가는 가장 짧은 경로는 무엇이니?

row

[róu] 로- **명** **줄, 열** **동** **(노를 이용해서)배를 젓다**

Your seat is in the second row in area A.

유어 싯 이즈 인 더 세컨드 로- 인 에어리어 에이

당신의 자리는 A 구역에서 두 번째 줄에 있다.

rubber

[rʌ́bər] 러버 명 고무

This rubber is very soft.

디스 러버 이즈 베리 소-프트

이 고무는 아주 부드럽다.

rude

[rú:d] 루드 형 무례한, 거친

What he did to me was quite rude.

왓 히 디드 투 미 워즈 콰이엇 루드

그가 나에게 한 행동은 꽤 무례했다.

rule

[rú:l] 루울 명 규칙, 지배

We must obey the rules of society.

위 머스트 오우베이 더 룰즈 어브 소우사이어티

우리는 사회의 규칙을 지켜야 한다.

run

[rʌ́n] 런 동 달리다, 경영하다 명 달리기

You have to run to catch them.

유 해브 투 런 투 캐취 뎀

그들을 따라잡기 위해서는 뛰어야 한다.

R

S

sad

[sǽd] 새드 형 **슬픈**

Sad to say, your dog is dead.

새드 투 세이, 유어 도-그 이즈 뎃

말하기에 슬프지만, 너의 개가 죽었다.

safe

[séif] 세이프 형 **안전한**

Don't cry. You are safe now.

돈트 크라이. 유 아 세이프 나우

울지 마. 너는 이젠 안전해.

sail

[séil] 세이얼 명 **돛단배** 동 **항해하다**

The cruise sails all over the world.

더 크루즈 세일즈 올 오버 더 월드

그 유람선은 전세계를 항해한다.

sale

[séil] 세일 명 **판매, 세일**

Winter is a season of many sales.

윈터 이즈 어 시즌 어브 메니 세일즈

겨울은 세일이 많은 계절이다.

salt

[sɔ́:lt] 소올트 명 **소금**

Put more salt on my soup.

풋 모어 소올트 안 마이 숩

내 스프에 소금을 좀 더 넣어주세요.

same

[séim] 세임 형 **같은, 동일한**

The twins wear the same jacket.

더 트윈즈 웨어 더 세임 재킷

저 쌍둥이는 같은 재킷을 입고 있다.

sample

[sǽmpl] 샘플 명 **견본, 표본**

I need to see a sample of his work.

아이 니드 투 시 어 샘플 어브 히즈 웍

나는 그의 작품 샘플을 봐야 한다.

S

sand

[sǽnd] 샌드 명 **모래**

The children are playing in the sand.

더 칠드런 아 플레이잉 인 더 샌드

아이들이 모래밭에서 놀고 있다.

save

[séiv] 세이브 동 **구하다, 저축하다**

She saves money in the bank.

쉬 세이브즈 머니 인 더 뱅크

그녀는 돈을 은행에 저축한다.

say

[séi] 세이 동 **말하다**

- **said** : 과거
- **said** : 과거분사

I said you got the wrong number.

아이 세드 유 갓 더 로옹 넘버

당신이 전화를 잘못 걸었다고 말했어요.

scare

[skέər] 스케어 동 **무섭게 하다, 놀라다**

Some of scenes in the film really scared me.

썸 어브 씬즈 인 더 필름 리얼리 스케어드 미

영화의 몇몇 장면들은 정말 나를 놀라게 했다.

scene

[siːn] 씬 명 **장면, 광경, 현장**

The actor came on the scene.

디 액터 케임 안 더 씬

그 배우가 그 장면에 나왔다.

school

[skúːl] 스쿠울 명 **학교**

I am graduating from high school this year.

아이 앰 그래저웨이팅 프럼 하이 스쿠울 디스 이어

나는 올해 고등학교를 졸업한다.

S

science

[sáiəns] 싸이언스 명 **과학**

My favorite subject is science.

마이 페이버릿 서브젝트 이즈 사이언스

내가 좋아하는 과목은 과학이다.

score

[skɔ́ːr] 스코어 명 **점수, 득점**

What is the score now?

왓 이즈 더 스코어 나우

지금 점수가 어떻게 되지?

scream

[skríːm] 스크리임 명 **비명, 외침** 동 **비명을 지르다**

When I saw a tiger, I screamed for help.

웬 아이 소 어 타이거, 아이 스크리임드 포 헬프

호랑이를 보고 살려달라고 소리를 질렀다.

sea

[síː] 씨- 명 **바다**

The sea is calm today.

더 씨- 이즈 카암 터데이

오늘은 바다가 고요하다.

search

[sə́ːrtʃ] 서치 동 **찾다, 수색하다** 명 **찾기, 수색**

I was searching for my watch.

아이 워즈 서칭 포어 마이 와치

시계를 찾고 있었어요.

season

[síːzn] 시-즌 명 **계절, 시기, 시즌**

There are four seasons in the year.

데어 아 포 시-즌스 인 디 이어

일년에는 4계절에 있다.

seat

[síːt] 싯 명 **좌석, 자리**

I'd like a window seat, please.

아이드 라익 어 윈도우 싯, 플리즈

창쪽 자리로 부탁해요.

second

[sékənd] 세컨드 명 형 **두 번째(의)**

I'm the second daughter of my family.

아임 더 세컨드 도터 어브 마이 패밀리

나는 우리집의 둘째 딸이다.

secret

[síːkrit] 시-크리트 명 형 **비밀(의)**

I know the secret about him.

아이 노우 더 시-크리트 어바우트 힘

나는 그에 대한 비밀을 알고 있다.

section

[sékʃən] 섹션 명 **구분, 부분** 동 **구분하다**

No smoking is allowed in this section.

노우 스모우킹 이즈 얼라우드 인 디스 섹션

이 구역에서는 금연입니다.

S

see

[síː] 시- 동 **보다, 알다**

Can I see your ticket, please.

캔 아이 시- 유어 티켓, 플리즈

표 좀 보여주세요.

seed

[síːd] 시-드 명 **씨앗, 종자**

This seed will grow to be a full tree.

디스 시-드 윌 그로우 투 비 어 풀 트리

이 씨앗은 자라서 완전한 나무가 될 것이다.

seem

[síːm] 심 동 **~처럼 보이다, ~인 것 같다**

It seems something wrong.

잇 심즈 섬씽 롱

뭔가 잘못된 것 같아요.

select

[silékt] 셀렉트 동 **고르다, 선택하다**

I have to select a birthday present.

아이 해브 투 셀렉트 어 버쓰데이 프레전트

생일 선물을 골라야 해요.

sell

[sél] 셀 [동] **팔다, 판매하다**

The grocery store sells food.

더 그우서리 스토어 셀즈 푸드

식료품 가게에서는 음식을 판다.

- **sold :** 과거
- **sold :** 과거분사

send

[sénd] 센드 [동] **보내다**

She sent a birthday card to me.

쉬 센트 어 버쓰데이 카드 투 미

그녀가 나에게 생일카드를 보냈다.

- **sent** 과거
- **sent :** 과거분사

S

senior

[síːnjər] 시니어 [형] **손 위의, 선배의** [명] **손윗사람, 선배**

He is my senior in college.

히 이즈 마이 시니어 인 칼리지

그는 내 대학 선배이다.

sense

[séns] 센스 [명] **감각, 의미**

He has a good sense of smell.

히 해즈 어 굿 센스 어브 스멜

그는 후각이 뛰어나다.

sentence

[séntəns] 센텐스 명 **문장, 글**

I wrote each sentence three times.

아이 로우트 이취 센텐스 쓰리 타임즈

나는 각 문장을 세 번씩 썼다.

separate

[sépərèit] 세퍼레이트 동 **분리하다, 떼어놓다**

We separated at the school.

위 세퍼레이티드 앳 더 스쿨

우리는 학교에서 헤어졌다.

serious

[síəriəs] 시어리어스 형 **진지한, 심각한**

We had a serious conversation.

위 해드 어 시어리어스 칸버세이션

우리는 진지한 대화를 나누었다.

serve

[sə́:rv] 서–브 동 **섬기다, 봉사하다, (음식을)차리다, 서브를 넣다**

The host is serving the guests.

더 호우스트 이즈 서빙 더 게스트스

주인이 손님들을 대접하고 있다.

service

[sə́ːrvis] 서-비스 명 **봉사, 공헌, 도움, 편의, 접대(서비스)**

They have good service in that restaurant.

데이 해브 굿 서-비스 인 댓 레스터란트

그 식당은 서비스가 좋다.

set

[sét] 셋 동 **놓다, ~이 되게 하다**

She set the books on the table.

쉬 셋 더 북스 안 더 테이벌

그녀는 책들을 탁자 위에 놓았다.

- **set** : 과거
- **set** : 과거분사

several

[sévərəl] 세버럴 형 **몇 개의** 대 **몇 개, 몇 사람**

Several people were hurt in the accident.

세버럴 피펄 워 허트 인 디 액시던트

그 사고로 여러 사람이 다쳤다.

shadow

[ʃǽdou] 쉐도우 명 **그림자**

Our shadows are on the ground.

아워 쉐도우즈 아 안 더 그라운드

우리의 그림자가 땅에 있다.

shake

[ʃéik] 쉐이크 동 **흔들다**

The strong wind shook our tents.

더 스트롱 윈드 슉 아워 텐트스

강풍이 우리 텐트를 흔들었다.

- **shook** : 과거
- **shaken** : 과거분사

shall

[ʃæl] 쉘 조 **~일 (할)것이다, ~할까요?**

Shall we go now?

쉘 위 고- 나우

지금 갈까요?

shame

[ʃéim] 쉐임 명 **부끄러움, 수치심**

I feel shamed in front of strangers.

아이 필 쉐임드 인 프런트 어브 스트레인저즈

모르는 사람들 앞에서는 부끄럽다.

shape

[ʃéip] 쉐이프 명 **모양, 모습**

It has the shape of a heart.

잇 해즈 더 쉐이프 어브 어 하-트

그것은 하트 모양이야.

share

[ʃέər] 쉐어 명 몫, 할당몫 동 분배하다, 나눠주다

Share the cookies with your friends.

쉐어 더 쿠키즈 위드 유어 프렌즈

쿠키를 친구들과 나눠 먹어라.

sharp

[ʃά:rp] 샤-프 형 날카로운

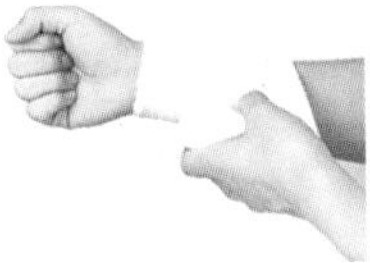

I cut my arm with a sharp knife.

아이 컷 마이 암 위드 어 샤-프 나이프

날카로운 칼로 팔을 베었다.

S

she

[ʃí:] 쉬- 대 (3인칭주격) 그녀

She is my younger sister.

쉬 이즈 마이 영거 시스터

그녀는 내 여동생이다.

sheep

[ʃí:p] 쉬-프 명 양

We raise sheep for wool and meat.

위 레이즈 쉬-프 포 울 앤드 미-트

우리는 양털과 고기를 위해서 양을 기른다.

sheet

[ʃíːt] 쉬-트 명 (종이 따위의) 한 장, 시트

Go and get a sheet of paper.

고 앤드 겟 어 쉬-트 어브 페이퍼

가서 종이 한 장 가져와라.

shine

[ʃáin] 샤인 동 빛나다, 빛을 내다

The sun is shinning.

더 썬 이즈 샤이닝

태양이 빛나고 있다.

- **shone, shined :** 과거
- **shone, shined :** 과거분사

ship

[ʃíp] 쉽 명 배

I went to Japan by ship last year.

아이 웬 투 저팬 바이 쉽 라스트 이어

나는 작년에 배를 타고 일본에 갔었다.

shock

[ʃák] 샤크 명 충격 동 충격을 주다

The rumor shocked me.

더 루머 샥트 미

그 소문은 나를 경악하게 했다.

shoot

[ʃúːt] 슈-트 동 **쏘다, 던지다**

- **shot** : 과거
- **shot** : 과거분사

He shot at the bird, but missed it.

히 샷 앳 더 버-드, 벗 미스트 잇

그는 새를 향해 쏘았지만, 그것을 놓쳤다.

shop

[ʃáp] 샵 명 **가게, 상점**

Where is the hat shop.

웨어 이즈 더 햇 샵

모자 가게가 어디에 있죠?

shopping

[ʃápiŋ] 샤핑 명 **물건사기, 쇼핑**

She went shopping downtown.

쉬 웬트 샤핑 다운타운

그녀는 시내로 쇼핑을 갔다.

short

[ʃɔ́ːrt] 쇼-트 형 **짧은**

She looks good with short hair.

쉬 룩스 굿 위드 쇼-트 헤어

그녀는 짧은 머리가 잘 어울린다.

S

should

[ʃúd] 슈드 조 **~해야 한다**

We should go to school now.

위 슈드 고 투 스쿠울 나우

우리는 지금 학교에 가야한다.

shout

[ʃáut] 샤우트 동 **외치다** 명 **외침**

Stop shouting at me!

스탑 샤우팅 앳 미

나에게 소리치지 마!

show

[ʃóu] 쇼우 동 **보이다. 안내하다**

Would you show me your album?

우쥬 쇼우 미 유어 앨범

네 사진첩을 나에게 보여주겠니?

shower

[ʃáuər] 샤우어 명 **소나기, 샤워**

I'm going to take a shower and go to sleep.

아임 고-잉 투 테잌 어 샤우어 앤드 고- 투 슬립

나는 샤워를 하고 자러 갈 것이다.

shut

[ʃʌ́t] 셧 동 **닫다, 차단하다**

- **shut** : 과거
- **shut** : 과거분사

Tom shut his mouth.

탐 셧 히즈 마우쓰

톰은 입을 다물었다.

sick

[sík] 씩 형 **병든, 아픈**

Doctors take care of sick people.

닥터즈 테익 케어 어브 씩 피펄

의사들은 아픈 사람들을 돌본다.

side

[sáid] 사이드 명 **쪽, 측면, 옆**

Coin has two side .

코인 해즈 투 사이드

동전은 양면이 있다.

sight

[sáit] 사이트 명 **시력, 광경**

Grandmother's sight is not very good.

그랜드머더즈 사이트 이즈 낫 베리 굿

할머니의 시력은 매우 좋지 않다.

S

sign

[sáin] 사인 명 **기호, 신호, 표지** 동 **서명하다, 계약하다**

The boss signed the contract.

더 보스 사인드 더 칸트랙트

사장이 계약서에 서명했다.

silent

[sáilənt] 사일런트 형 **침묵을 지키는, 조용한**

The hall was empty and silent.

더 홀 워즈 엠티 앤드 사일런트

홀은 텅 비어 있었고 조용했다.

silk

[sílk] 씰크 명 **씰크, 비단**

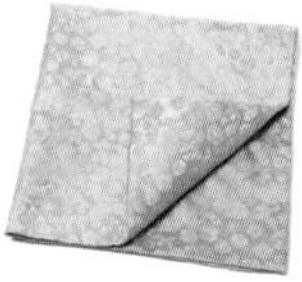

She is wearing a silk dress.

쉬 이즈 웨어링 어 실크 드레스

그녀는 실크 드레스를 입고 있다.

silly

[síli] 씰리 형 **어리석은**

It's silly to go out in the rain.

잇츠 씰리 투 고우 아웃 인 더 레인

빗속에 나가는 건 바보 같은 짓이다.

silver

[sílvər] 실버 명 은 형 은빛나는

This is a silver teaspoon.

디스 이즈 어 실버 티스푼

이건 은으로 만든 찻숟가락이다.

similar

[símələr] 시밀러 형 비슷한, 유사한

He and his brother are very similar.

히 앤드 히즈 브러더 아 베리 시밀러

그와 그의 형은 매우 닮았다.

S

simple

[símpl] 심플 형 간단한, 쉬운, 검소한

I keep a simple diary every day.

아이 킵 어 심플 다이어리 에브리 데이

나는 매일 간단한 일기를 쓴다.

since

[síns] 씬스 전 ~이후로 접 ~이후로, ~ 때문에

It's been raining since last night.

잇츠 빈 레이닝 씬스 라스트 나이트

어젯밤 이후 비가 계속 온다.

sing

[síŋ] 싱 동 **노래하다**

We enjoy singing carols at Christmas.

위- 인조이 싱잉 캐럴즈 앳 크리스마스

우리는 성탄절에 캐롤을 부르는 것을 즐긴다.

- **sang** : 과거
- **sung** : 과거분사

single

[síŋgl] 싱글 형 **하나의, 유일한, 독신의**

His single aim is to go to college.

히즈 싱글 에임 이즈 투 고- 투 칼리쥐

그의 유일한(=하나의) 목표는 대학에 가는 것이다.

sink

[síŋk] 싱크 동 **가라앉다, 침몰하다**

Wood doesn't sink in the water.

우드 더즌트 싱크 인 더 워터

나무는 물속에 가라앉지 않는다.

- **sank** : 과거
- **sunk** : 과거분사

sit

[sít] 싯 동 **앉다**

Sit down please.

싯 다운 플리-즈

앉으세요.

- **sat** : 과거
- **sat** : 과거분사

situation

[sìtʃuéiʃən] 시추에이션 명 **위치, 상태**

Now I'm in a very awkward situation.

나우 아임 인 어 베리 어크워드 시추에이션

지금 나는 매우 난처한 상황에 처해있다.

size

[sáiz] 사이즈 명 **크기, 사이즈, 치수**

What is the size of your shirt?

왓 이즈 더 사이즈 어브 유어 셔-츠

셔츠 사이즈가 어떻게 되시죠?

skill

[skíl] 스킬 명 **기술, 솜씨, 실력**

Her cooking skills are excellent.

허 쿠킹 스킬즈 아 엑설런트

그녀의 요리 솜씨는 아주 훌륭하다.

skin

[skín] 스킨 명 **피부, 가죽**

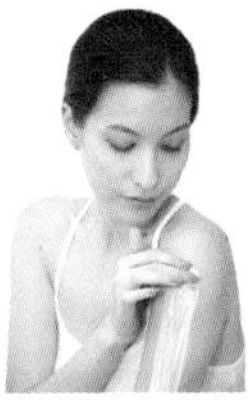

Our bodies are covered in skin.

아워 바디즈 아 커버드 인 스킨

우리의 몸은 피부로 덮여있다.

S

skip

[skíp] 스킵 동 **빼먹다, 건너뛰다**

She usually skips breakfast.

쉬 유주얼리 스킵 브렉퍼스트

그녀는 보통 아침을 거른다.

sky

[skái] 스카이 명 **하늘**

Loot at the sky. The clouds are pretty.

룩 앳 더 스카이. 더 클라우즈 아 프리티

하늘을 봐. 구름이 예쁘다.

sleep

[slíːp] 슬리잎 동 **잠자다**

I didn't sleep well last night.

아이 디든트 슬리잎 웰 라스트 나잇

어젯밤에 잠을 잘 못 잤어요.

- **slept** : 과거
- **slept** : 과거분사

slip

[slíp] 슬립 동 **미끄러지다**

My foot slipped and I nearly fell down.

마이 풋 슬립트 앤드 아이 니얼리 펠 다운

발이 미끄러져서 거의 넘어질 뻔 했다.

slow

[slóu] 슬로우 형 **느린, 더딘**

My watch is five minutes slow.

마이 와치 이즈 파이브 미니츠 슬로우

내 시계는 5분 느리다.

small

[smɔ́:l] 스모올 형 **작은**

My brother is smaller than me.

마이 브러더 이즈 스모올러 댄 미

나의 동생은 나보다 작다.

smart

[smá:rt] 스마트 형 **영리한, 똑똑한**

He is very handsome and smart.

히 이즈 베리 핸섬 앤드 스마트

그는 매우 잘생기고 똑똑하다.

smell

[smél] 스멜 동 **냄새를 맡다, 냄새나다**

This soap smells good.

디스 소웁 스멜즈 굿

이 비누의 향이 좋네요.

S

smile

[smáil] 스마일 명 동 **미소(를 짓다)**

She has a lovely smile.

쉬- 해즈 어 러블리 스마일

그녀는 미소가 사랑스럽다.

smoke

[smóuk] 스모우크 명 **연기** 동 **담배를 피우다**

Can you see the 'No Smoking'sign?

캔 유 시 더 '노 스모우킹' 사인

'금연' 표지판이 보이나요?

smooth

[smú:ð] 스무-스 형 **매끄러운, 부드러운**

Her skin is as smooth as silk.

허 스킨 이즈 애즈 스무-스 애즈 실크

그녀의 피부는 비단처럼 부드럽다.(=매우 부드럽다)

snake

[snéik] 스네이크 명 **뱀**

Some snakes are harmful.

섬 스네익스 아 하암펄

어떤 뱀들은 위험하다.

snow

[snóu] 스노우 명 동 **눈(이 오다)**

It's snowing. Let's make a snowman.

잇츠 스노우잉. 렛츠 메이크 어 스노우맨

눈이 온다. 눈사람을 만들자.

so

[sóu] 소우 부 **그렇게, 매우** 접 **그래서**

She was sick, so couldn't go to work.

쉬 워즈 식, 소우 쿠든트 고우 투 웍

그녀는 아파서 일하러 갈 수가 없었다.

S

soap

[sóup] 소우프 명 **비누**

Wash your hands with soap.

워쉬 유어 핸즈 위드 소우프

비누로 손을 씻으세요.

social

[sóuʃəl] 소셜 형 **사회의, 사회적인**

Mom has a busy social life.

맘 해즈 어 비지 소셜 라이프

엄마는 바쁜 사회생활을 하신다.

sock

[sák] 삭 명 **양말**

Take off your socks.

테잌 어프 유어 삭스

네 양말을 벗어라.

soft

[sɔ́:ft] 소–프트 형 **부드러운, 상냥한**

Her voice is very soft.

허 보이스 이즈 베리 소–프트

그녀의 목소리는 매우 부드럽다.

soil

[sɔil] 소일 명 **흙, 토양**

The farmer is sowing soil over the seeds.

더 파머 이즈 소우잉 소일 오버 더 시즈

농부가 씨앗 위에 흙을 뿌리고 있다.

soldier

[sóuldʒər] 솔져 명 **군인, 병사**

A soldier is a member of the army.

어 솔져 이즈 어 멤버 어브 디 아미

군인은 군대의 일원이다.

solution

[səlúːʃən] 솔루션 명 **해결, 해석**

There's no simple solution to this problem.

데어즈 노우 심플 솔루션 투 디스 프라블럼

이 문제에 대한 간단한 해결책은 없다.

some

[sʌ́m] 섬 형 **약간, 어떤**

I need some money.

아이 니-드 섬 머니

나는 약간의 돈이 필요하다.

- **somebody** [sʌ́mbàdi] 섬바디 대 **누군가, 어떤 사람**
- **something** [sʌ́mθiŋ] 섬씽 대 **어떤 것, 무엇인가**
- **sometimes** [sʌ́mtàimz] 섬타임즈 부 **가끔, 때때로**

song

[sɔ́ːŋ] 송 명 **노래**

He always sings the same song.

히- 올웨이즈 싱즈 더 세임 송

그는 항상 같은 노래를 부른다.

S

soon

[sú:n] 순 부 **곧**

Let's go in. The movie will start soon.

렛츠 고- 인. 더 무비 윌 스타-트 순

들어가자. 영화가 곧 시작한다.

sorry

[sári] 쏘리 형 **미안한, 유감스러운, 가엾은**

I'm sorry to bother you.

아임 쏘-리 투 바더 유

번거롭게 해드려 죄송합니다.

sound

[sáund] 사운드 명 **소리**

The sound of music made me happy.

더 사운드 어브 뮤직 메이드 미 해피

음악 소리가 나를 행복하게 했다.

south

[sáuθ] 사우쓰 명 **남쪽**

Our house faces to the south.

아워 하우스 페이서즈 투 더 사우쓰

우리 집은 남향이다.

space
[spéis] 스페이스 명 **공간, 우주**

The rich man's dream is space travel.

더 리치 맨즈 드림 이즈 스페이스 트래벌

그 부자의 꿈은 우주여행이다.

speak
[spíːk] 스피-크 동 **말하다, 연설하다**

Everyone started to speak at once.

에브리원 스타아티드 투 스피-크 앳 원스

모두가 한 번에 말을 하기 시작했다.

- **spoke** : 과거
- **spoken** : 과거분사

special
[spéʃəl] 스페셜 형 **특별한**

The child needs special education.

더 차일드 니-즈 스페셜 에듀케이션

그 아이는 특별한 교육이 필요하다.

speech
[spíːtʃ] 스피-치 명 **말, 연설**

His speech was very good.

히즈 스피-치 워즈 베리 굿

그의 연설은 매우 훌륭했다.

speed

[spíːd] 스피-드 명 **속력, 속도**

I tried to run at full speed.

아이 트라이드 투 런 앳 풀 스피-드

나는 전속력으로 달리려고 했다.

spell

[spél] 스펠 동 **철자하다**

Would you spell out your name for me?

우쥬- 스펠 아웃 유어 네임 포- 미

저에게 당신 이름 철자를 불러 주시겠어요?

spend

[spénd] 스펜드 동 **(돈을)쓰다, (시간을) 보내다**

She spends lots of money.

쉬 스펜즈 랏츠 어브 머니

그녀는 돈을 많이 쓴다.

- **spent :** 과거
- **spent :** 과거분사

spin

[spín] 스핀 동 **(제자리에서) 돌다, 회전하다**

The earth spins around the sun.

디 어쓰 스핀즈 어라운드 더 선

지구는 태양 주위를 돈다.

- **spun :** 과거
- **spun :** 과거분사

sport

[spɔ́:rt] 스포츠 명 **운동(경기)**

baseball [béisbɔ̀:l] 베이스볼 **야구**

soccer [sákər] 사커 **축구**

basketball [bǽskitbɔ̀:l] 배스킷볼 **농구**

volleyball [válibɔ̀:l] 발리볼 **배구**

swimming [swímiŋ] 스위밍 **수영**

football [fútbɔ̀l] 풋볼 **미식축구**

golf [gálf] 골프 **골프**

tennis [ténis] 테니스 **테니스**

table tennis [téibl tènis] 테이블 테니스 **탁구**

badminton [bǽdmintn] 배드민턴 **배드민턴**

marathon [mǽrəθàn] 메어러썬 **마라톤**

boxing [báksiŋ] 박싱 **권투**

ski [skí:] 스키 **스키**

S

spot

[spát] 스팟 명 **장소, 얼룩, 점**

Everyone has his weak spot.

에브리원 해즈 히즈 윅 스팟

누구나 약점이 있다.

spread

[spréd] 스프레드 동 **펴다, 퍼지다**

Spread the map out on the floor.

스프레드 더 맵 아웃 안 더 플로워

지도를 바닥에 펴라.

spring

[spríŋ] 스프링 명 **봄, 용수철, 샘**

Many flowers bloom in the spring.

매니 플라워즈 블루움 인 더 스프링

많은 꽃들이 봄에 핀다.

square

[skwέər] 스퀘어 명 **정사각형, 광장**

The square is where many people gather.

더 스퀘어 이즈 웨어 메니 피펄 개더

그 광장은 많은 사람들이 모이는 곳이다.

stage

[stéidʒ] 스테이쥐 명 **무대, 단계**

There are five actors on the stage.

데어 아- 파이브 액터즈 안 더 스테이쥐

다섯 명의 배우가 무대에 서 있다.

stair

[stέər] 스테어 명 **계단**

He was climbing the stairs.

히 워즈 클라이밍 더 스테어즈

그는 계단을 오르고 있었다.

stamp

[stǽmp] 스탬프 명 **우표**

My hobby is collecting world stamps.

마이 하비 이즈 컬렉팅 월드 스탬프스

나의 취미는 세계 우표수집이다.

stand

[stǽnd] 스탠드 동 **서다, 서 있다, ~에 있다**

Don't just stand there. Help me!

돈트 져스트 스탠드 데어. 헬프 미

거기 그냥 서 있지 말고 나를 도와줘!

- **stood** : 과거
- **stood** : 과거분사

S

standard

[stǽndərd] 스탠다드 명 **표준, 기준**

His height is standard.

히즈 하이트 이즈 스탠다드

그의 키는 표준이다.

star

[stáːr] 스타– 명 **별**

The sky was full of stars.

더 스카이 워즈 풀 어브 스타아즈

하늘은 별들로 가득했다.

start

[stáːrt] 스타–트 동 **시작하다, 출발하다**

I started to learn French last year.

아이 스타-티드 투 러언 프렌치 라스트 이어

나는 작년에 불어를 배우기 시작했다.

station

[stéiʃən] 스테이션 명 **역, 정거장**

When does the train leave the station?

웬 더즈 더 트레인 리-브 더 스테이션

기차는 언제 역을 떠나나요?

stay

[stéi] 스테이 동 **머물다**

I don't care if you stay or not.

아이 돈트 케어 이프 유 스테이 오어 낫

네가 있든지 말든지 난 상관없다.

steal

[stí:l] 스티-일 동 **훔치다**

The thief stole my wallet.

더 씨프 스토울 마이 월렛

도둑이 내 지갑을 훔쳐갔다.

- **stole :** 과거
- **stolen :** 과거분사

steam

[stí:m] 스팀 명 **증기, 스팀**

A steamboat is powered by steam.

어 스팀보우트 이즈 파워드 바이 스팀

증기선은 증기를 동력으로 한다.

step

[stép] 스텝 명 **한 걸음, 계단**

Watch your step!

와취 유어 스텝

발 조심해라!

S

stick

[stík] 스틱 명 **막대기, 지팡이**

We gathered some sticks to build a fire.

위- 개더드 섬 스틱스 투 빌드 어 파이어

우리는 불을 피기 위해 약간의 막대기를 모았다.

still

[stíl] 스틸 부 **여전히** 형 **고요한**

Do you still play tennis?

두 유- 스틸 플레이 테니스

너 아직도 테니스 치니?

stocking

[stákiŋ] 스타킹 명 **스타킹**

She bought a new pair of stockings.

쉬 보-트 어 뉴 페어 어브 스타킹즈

그녀는 새 스타킹 한 켤레를 샀다.

stone

[stóun] 스토운 명 **돌**

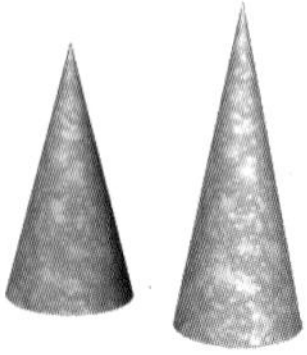

This stone is too heavy to move.

디스 스토운 이즈 투- 헤비 투 무브

이 돌은 너무 무거워서 움직일 수 없다.

stop

[stáp] 스탑 동 **멈추다, 서다**

He stopped working with illness.

히 스탑트 워킹 윗 일니스

그는 병으로 일을 그만두었다.

store

[stɔ́:r] 스토어 명 **가게, 상점**

The store has many people working.

더 스토어 해즈 메니 피펄 워킹

그 가게에는 많은 사람들이 일하고 있다.

storm

[stɔ́:rm] 스토-옴 명 **폭풍**

A storm suddenly struck the ship.

어 스토-옴 서든리 스트럭 더 쉽

갑자기 폭풍우가 배를 덮쳤다.

story

[stɔ́:ri] 스토-리 명 **이야기**

I like a fantastic story.

아이 라잌 어 팬태스틱 스토-리

나는 환상적인 이야기를 좋아한다.

S

straight

[stréit] 스트레이트 형 **똑바른, 곧은, 쭉 뻗은**

She has straight brown hair.

쉬 해즈 스트레이트 브라운 헤어

그녀는 쭉 뻗은 갈색 머리를 가지고 있다.

strange

[stréindʒ] 스트레인지 형 **이상한, 낯선**

Did you hear the strange noise?

디쥬- 히어 더 스트레인지 노이즈

너 이상한 소리 들었니?

street

[strí:t] 스트리-트 명 **거리**

Don't play on the street.

돈트 플레이 안 더 스트리-트

길거리에서 놀지 마라.

stress

[strés] 스트레스 명 **압박, 긴장**

He is under a lot of stress at work.

히 이즈 언더 어 랏 어브 스트레스 앳 웍

그는 직장에서 많은 스트레스를 받고 있다.

stretch

[strétʃ] 스트레치 동 **쭉 펴다, 뻗치다**

He stretched his arm to reach the apple.

히- 스트레치트 히즈 아암 투 리취 디 애플

그는 사과에 닿으려고 팔을 쭉 뻗었다.

strike

[stráik] 스트라이크 동 **치다, 파업하다**

- **struck** : 과거
- **struck** : 과거분사

She struck him with her hand.

쉬 스트럭 힘 위드 허 핸드

그녀가 손으로 그를 쳤다.

S

strong

[strɔ́ːŋ] 스트로옹 형 **힘센, 강한**

He is also a strong player on the team.

히 이즈 올소우 어 스트롱 플레이어 안 더 팀

그는 팀에서 강한 선수이기도 하다.

structure

[strʌ́ktʃər] 스트럭처 명 **건물, 건축물, 구조**

The structure of the human body is mysterious.

더 스트럭처 어브 더 휴먼 바디 이즈 미스티어리어스

인체의 구조는 신비롭다.

student

[stjúːdnt] 스튜던트 명 **학생**

My brother is a high school student.

마이 브라더 이즈 어 하이 스쿠울 스튜던트

나의 형은 고등학생이다.

study

[stʌ́di] 스터디 명 형 **공부(하다)**

I study English every Tuesday.

아이 스터디 잉글리쉬 에브리 튜-즈데이

나는 매주 화요일에 영어를 공부한다.

stupid

[stjúːpid] 스튜피드 형 **어리석은, 바보같은**

I failed because of a stupid choice.

아이 페일드 비커즈 어브 어 스튜피드 초이스

나는 바보같은 선택으로 실패했다.

style

[stáil] 스타일 명 **양식, 모양**

I like her fashion style.

아이 라잌 허 패션 스타일

나는 그녀의 패션 스타일을 좋아한다.

subject

[sʌ́bdʒikt] 서브젝트 명 **과목, 주제**

The subject of my speech is peace.

더 서브젝트 어브 마이 스피치 이즈 피스

내 연설의 주제는 평화이다.

subway

[sʌ́bwèi] 서브웨이 명 **지하철**

Where is the nearest subway station?

웨어 이즈 더 니어리스트 서브웨이 스테이션

가장 가까운 지하철 정거장이 어디 있죠?

succeed

[səksí:d] 석시드 동 **성공하다**

She succeeded in passing the math exam.

쉬 석시디드 인 패싱 더 매쓰 이그잼

그녀는 수학 시험을 통과하는데 성공했다.

- **success** [səksés] 석세스 명 **성공**
- **successful** [səksésfəl] 석세스펄 형 **성공한**
- **successfully** [səksésfəli] 석세스펄리 부 **성공적으로**

S

such

[sʌ́tʃ] 서치 형 **그와 같은, 그러한** 대 **그런 것**

I cannot answer such a question.

아이 캔낫 앤서 서치 어 퀘스천

나는 그런 질문에 대답할 수가 없다.

sudden

[sʌ́dn] 서든 형 **갑작스러운, 뜻밖의**

• **suddenly**
부 갑자기

His sudden death surprised us.

히즈 서든 데쓰 서프라이즈드 어스

그의 갑작스런 죽음은 우리를 놀라게 했다.

suffer

[sʌ́fər] 서퍼 동 **괴로워하다, 고통 받다**

The boss suffered damage from the fire.

더 보스 서퍼드 데미지 프럼 더 파이어

사장은 화재로 피해를 입었다.

sugar

[ʃúgər] 슈거 명 **설탕**

Do you take sugar in your coffee?

두 유 테잌 슈거 인 유어 커피

커피에 설탕을 넣으시나요?

suggest

[səgdʒést] 서제스트 동 **제안하다, 암시하다**

I suggested he work with me.

아이 서제스티드 히 웍 위드 미

나는 그에게 나와 함께 일하자고 제안했다.

suit

[sú:t] 슈-트 명 **양복, 정장, 옷**

His father has on a new suit.

히즈 파더 해즈 안 어 누 슈-트

그의 아버지는 새 옷을 입고 계신다.

sum

[sʌ́m] 섬 명 **총계, 합계**

The sum of 5 and 5 is 10.

더 섬 어브 파이브 앤드 파이브 이즈 텐

5와 5의 합은 10이다.

summer

[sʌ́mər] 서머 명 **여름**

It's too hot in the summer.

이츠 투- 핫 인 더 서머

여름은 너무 덥다.

S

sun

[sʌ́n] 선 명 **태양, 양지**

The sun rises in the east and sets in the west.

더 선 라이저즈 인 디 이스트 앤드 셋스 인 더 웨스트

해는 동쪽에서 뜨고 서쪽으로 진다.

supermarket

[súpərmàrkit] 수퍼마아킷 명 **슈퍼마켓**

I go to the supermarket on Sunday.

아이 고우 투 더 수퍼마아킷 안 선데이

나는 일요일에 슈퍼마켓에 간다.

supply

[səplái] 서플라이 동 **공급하다, 채우다**

Hens supply us with eggs.

헨즈 서플라이 어스 위드 에그즈

암탉들은 우리에게 알을 공급한다.

support

[səpɔ́:rt] 서포어트 동 **부양하다, 지지하다**

My parents always support me.

마이 페런트스 올웨이즈 서포어트 미

부모는 나를 언제나 지원해준다.

sure

[ʃúər] 슈어 형 **확실한, 확신하는** 부 **확실히**

I'm sure she lives somewhere round here.

아임 슈어 쉬 리브즈 썸웨어 라운드 히어

그녀는 분명히 이 근처 어딘가에 살고 있을 것이다.

surface

[sə́:rfis] 서피스 명 **표면, 외관**

Don't scratch the surface of the table.

도운트 스크래치 더 서피스 어브 더 테이벌

테이블 표면을 긁지 마라.

surprise

[sərpráiz] 서프라이즈 동 **놀라게 하다, 놀라다** 명 **놀라움**

I was surprised by the doorbell.

아이 워즈 서프라이즈드 바이 더 도어벨

초인종 소리에 깜짝 놀랐다.

surround

[səráund] 서라운드 동 **둘러싸다** 명 **주변**

The mountain surrounds the village.

더 마운턴 서라운즈 더 빌리지

산이 마을을 둘러싸고 있다.

S

survive

[sərváiv] 서바이브 동 **살아남다**

He survived the car accident.

히 서바이브드 더 카아 액시던트

그는 자동차 사고에서 살아남았다.

swallow

[swálou] 스왈로우 명 **제비** 동 **삼키다**

Swallow your medicine!

스왈로우 유어 메디슨

네 약을 삼켜라!

sweep

[swí:p] 스위프 동 **쓸다, 청소하다, 닦다**

- **swept** : 과거
- **swept** : 과거분사

I'm sweeping the floor with a broom.

아임 스위핑 더 플로어 윗 어 브룸

나는 빗자루로 바닥을 쓸고 있다.

sweet

[swí:t] 스위트 형 **달콤한, 향기로운** 명 **단 것(사탕, 젤리 등)**

This tea is too sweet.

디스 티 이즈 투 스위트

이 차는 너무 달다.

swim

[swím] 스윔 동 **수영하다**

Most children like to swim.

모우스트 칠드런 라익 투 스윔

대부분의 아이들은 수영하는 것을 좋아한다.

- **swam** : 과거
- **swum** : 과거분사

swing

[swíŋ] 스윙 동 **흔들다, 그네를 타다**

The boy was swinging in the tree.

더 보이 워즈 스위잉 인 더 트리

소년은 나무에서 그네를 타고 있었다.

- **swung** : 과거
- **swung** : 과거분사

symbol

[símbəl] 심벌 명 **상징, 부호**

The pigeon is a symbol of peace.

더 피전 이즈 어 심벌 어브 피스

비둘기는 평화의 상징이다.

system

[sístəm] 시스텀 명 **조직, 체계**

The company has a good system.

더 컴퍼니 해즈 어 구드 시스텀

그 회사는 시스템이 좋다.

T

table

[téibl] 테이블 명 **탁자, 식탁, 목록**

There is a flower on the table.

데어 이즈 어 플라워 안 더 테이벌

탁자 위에 꽃이 있다.

tail

[téil] 테일 명 **꼬리**

The dog wagged its tail.

더 도-그 왜그드 잇츠 테일

개가 꼬리를 흔들었다.

take

[téik] 테이크 동 **잡다, 데려가다, 가지다**

- **took :** 과거
- **taken :** 과거분사

I take the train with my ticket.

아이 테이크 더 트레인 위드 마이 티켓

표를 가지고 기차를 탄다.

talk

[tɔ́:k] 토-크 동 **이야기하다, 말하다**

Come here. I want to talk to you.

컴 히어. 아이 원 투 토-크 투 유

이리 와, 할 얘기가 있어.

tall

[tɔ́:l] 토올 형 **키가 큰**

Who is that tall man?

후 이즈 댓 토올 맨

저 키 큰 남자는 누구니?

taste

[téist] 테이스트 명 **맛** 동 **맛을 보다**

I don't like sour taste.

아이 도운트 라익 사워 테이스트

나는 신맛을 좋아하지 않는다.

tax

[tǽks] 텍스 명 **세금** 동 **과세하다**

Every citizen should pay taxes.

에브리 시티즌 슈드 페이 택스즈

모든 국민은 세금을 내야 한다.

T

taxi

[tǽksi] 택시 명 **택시**

It's late, so let's take a taxi.

잇츠 레이트, 소우 렛츠 테잌 어 택시

시간이 늦었으니 택시를 타자.

tea

[tíː] 티- 명 **차**

Mary likes to drink tea.

메리 라잌스 투 드링크 티

메리는 차 마시기를 좋아한다.

teach

[tíːtʃ] 티-취 동 **가르치다**

- **taught** : 과거
- **taught** : 과거분사

What does Mr. Kim teach at school?

왓 더즈 미스터 킴 티-취 앳 스쿠울

김선생은 학교에서 무엇을 가르칩니까?

teacher

[tíːtʃər] 티-춰 명 **선생님, 교사**

Allen is my English teacher.

앨런 이즈 마이 잉글리쉬 티-춰

앨런은 나의 영어 선생님이다.

team

[tíːm] 티임 명 **팀, 조, 동료**

Tom is in the school soccer team.

탐 이즈 인 더 스쿠울 사커 티임

톰은 학교 축구팀에 있다.

tear 1

[tíər] 티어 명 **눈물**

- **tore** : 과거
- **torn** : 과거분사

I saw her eyes full of tears.

아이 소 허 아이즈 풀 어브 티어즈

나는 그녀의 눈에 눈물이 가득 차 있는 것을 보았다.

tear 2

[téər] 테어 동 **찢다, 잡아 뜯다**

I have a habit of tearing tissue.

아이 해브 어 해빗 어브 테어링 티슈

나는 휴지를 찢는 습관이 있어요.

technical

[téknikəl] 테크니컬 형 **기술의, 전문적인**

He works at our company as a technical advisor.

히 웍스 앳 아워 컴퍼니 애즈 어 테크니컬 애드바이저

그는 우리 회사에서 기술 고문으로 일하고 있다.

T

telephone

[téləfòun] 텔러포운 명 **전화**

My friend and I talked on the telephone.

마이 프렌드 앤드 아이 톡트 안 더 텔러포운

내 친구와 나는 전화 통화를 했다.

television

[téləvìʒən] 텔러비젼 명 **텔레비전, 티비**

My house bought a new television.

마이 하우스 밧 어 뉴 텔러비젼

우리집은 새 텔레비전을 샀다.

tell

[tél] 텔 동 **이야기하다, 말하다**

- **told** :
  과거
- **told** :
  과거분사

Tell me about your trip.

텔 미 어바웃 유어 트립

너의 여행에 대해서 이야기해줘.

temper

[témpər] 템퍼 명 **성격, 화**

She is in a bad temper.

쉬 이즈 인 어 배드 템퍼

그녀는 성미가 좋지 않다.

temperature

[témpərətʃər] 템퍼러처 명 **온도**

What's the temperature today?

왓츠 더 템퍼러처 터데이

오늘 기온이 어떻게 됩니까?

temple

[témpl] 템플 명 **사원, 신전**

We visited the temple on the weekend.

위 비지티드 더 템플 안 더 위켄드

우리는 주말에 절을 방문했다.

tent

[tént] 텐트 명 **텐트, 천막**

Do you know how to set up the tent?

두 유 노 하우 투 셋 업 더 텐트

텐트 설치하는 법을 알고 있니?

terrible

[térəbl] 테어러벌 형 **무서운, 끔찍한**

This food is really terrible.

디스 푸드 이즈 리얼리 테어러벌

이 음식은 정말 끔찍하다.

T

test

[tést] 테스트 명 **시험** 동 **시험을 보다**

The teacher tested his ability

더 티처 테스티드 히즈 어빌리티

선생님은 그의 능력을 시험했다.

text

[tékst] 텍스트 명 **본문, 원문**

This book contains 30 pages of text.

디스 북 컨텐즈 써디 페이지즈 어브 텍스트

이 책은 30페이지 분량의 본문을 담고 있다.

- **textbook**
  명 교과서

than

[ðǽn] 댄 접 **~보다**

I like apples more than bananas.

아이 라익 애펄즈 모어 댄 버내너즈

나는 바나나보다 사과를 더 좋아한다.

thank

[θǽŋk] 생크 동 **(for) 감사하다**

I thanked him for his help.

아이 쌩크트 힘 포어 히즈 헬프

나는 그의 도움에 감사했다.

that

[ðǽt] 댓 대 **저것(의), 그것(의)**

Would you pass me that text book?

우드 유 패스 미 댓 텍스트북

나에게 그 교과서를 건네 주겠니?

the

[ðə] 더(자음 앞), [ði] 디(모음 앞) 관 **그, 저**

You can use the pencil on the desk.

유 캔 유즈 더 펜설 안 더 데스크

책상 위에 있는 그 연필을 써도 돼.

theater

[θíːətər] 씨어터 명 **극장, 연극**

I will go to the movie theater tomorrow.

아이 윌 고우 투 더 무비 씨어터 터마아로우

나는 내일 영화관에 갈 것이다.

their

[ðέər] 데어 대 **그들의(they의 소유격)**

The students ate their lunch boxes.

더 스투던츠 에잇 데어 런치 박스즈

학생들은 도시락을 먹었다.

T

them

[ðém] 뎀 대 **그들을(they의 목적격)**

There are three boys outside. Do you know them?

데어 아 쓰리 보이즈 아웃사이드. 두 유 노우 뎀

바깥에 소년들이 셋 있다. 너 그들을 아니?

theme

[θíːm] 씸 명 **주제, 테마**

She sang a theme song.

쉬 생 어 씸 송

그녀는 주제가를 불렀다.

then

[ðén] 덴 부 **그때에, 그후에, 다음에**

Let's finish it, and then go home.

렛츠 피니쉬 잇, 앤 덴 고- 홈

이것을 끝내고 나서 집에 가자.

there

[ðɛ̀ər] 데어 부 **거기에, 저기에**

There are some chickens in the kitchen.

데어 아 섬 치킨즈 인 더 키췬

부엌에 약간의 닭이 있다.

they

[ðéi] 데이 대 **그들은(he, she, it의 복수형)**

They sang a song together.

데이 생 어 송 터게더

그들은 함께 노래를 불렀다.

thick

[θík] 씩 형 **두꺼운, 굵은**

This book is too thick to read at one time.

디스 북 이즈 투 씩 투 리-드 앳 원 타임

이 책은 한꺼번에 읽기에는 너무 두껍다.

thief

[θí:f] 씨프 명 **도둑**

The thief stole my bicycle

더 씨프 스토울 마이 바이시컬

도둑이 내 자전거를 훔쳐갔다.

thin

[θín] 씬 형 **얇은, 마른**

She looks really thin and pale.

쉬 룩스 리얼리 씬 앤드 페일

그녀는 정말 마르고 창백해 보인다.

T

thing

[θíŋ] 씽 명 **물건, 것, 일**

I have a lot of things to do today.

아이 해브 어 랏 어브 씽즈 투 두 터데이

나는 오늘 할 일이 많다.

think

[θíŋk] 씽크 동 **생각하다**

- **thought** : 과거
- **thought** : 과거분사

What are you thinking about?

왓 아 유 씽킹 어바웃

무엇을 생각하고 있니?

thirsty

[θə́:rsti] 써-스티 형 **목마른, 건조**

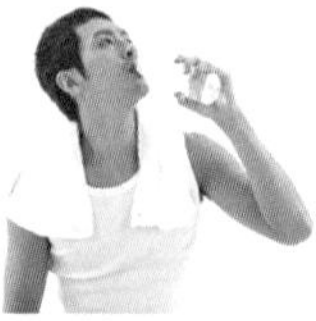

I often feel thirsty in summer.

아이 오펀 필 써-스티 인 서머

여름에는 목이 마를 때가 많다.

this

[ðís] 디스 대 형 **이것(의)**

Give this paper to your mother.

기브 디스 페이퍼 투 유어 머더

이 서류를 네 어머니에게 드려라.

those

[ðóuz] 도우즈 대 형 **그것들(의), 그들**

• **that**의 복수형

Those are all my friends

도우즈 아 올 마이 프렌즈

그들은 모두 내 친구들이다.

though

[ðóu] 도우 접 **비록~할지라도** 부 **그러나**

Even though he is poor, he is rich at heart.

이븐 도우 히 이즈 푸어, 히 이즈 리치 앳 하-트

그는 가난해도 마음만은 부자다.

thought[1]

[θɔ́:t] 쏘트 동 **think의 과거, 과거분사형**

I thought you did it.

아이 쏘트 유 디드 잇

난 당신이 한 줄 알았는데.

thought[2]

[θɔ́:t] 쏘트 명 **생각, 사상, 사고**

Language is a tool for expressing human thoughts.

랭귀지 이즈 어 툴 포어 익스프레싱 휴먼 쏫츠

언어는 인간의 생각을 표현하기 위한 도구이다.

thread

[θréd] 쓰레드 명 **실, 끈**

The thread and the needle are a pair.

더 쓰레드 앤드 더 니덜 아 어 페어

실과 바늘은 한 쌍이다.

through

[θruː] 쓰루우 전 **~을 통과하여**

The train went through a tunnel.

더 트레인 웬트 쓰루우 어 터널

기차가 터널을 통과해서 지나갔다.

throw

[θróu] 쓰로우 동 **던지다**

The pitcher threw a ball to the batter.

더 피처 쓰루 어 볼 투 더 배터

투수는 타자에게 공을 던졌다.

- **threw :** 과거
- **thrown :** 과거분사

thumb

[θʌ́m] 썸 명 **엄지 손가락**

The teacher gave us the thumbs up.

더 티-쳐 게이브 어스 더 썸즈 업

선생님은 우리에게 엄지손가락을 치켜올렸다. (=잘했다고 칭찬해 주셨다.)

ticket

[tíkit] 티킷 명 **표, 승차권, 티켓**

I bought two bus tickets.

아이 밧 투 버스 티킷스

나는 버스표 두 장을 샀다.

tie

[tái] 타이 동 **(줄로)매다, 묶다** 명 **넥타이**

I don't like wearing a tie.

아이 도운트 라익 웨어링 어 타이

나는 넥타이 매는 것을 좋아하지 않는다.

tight

[táit] 타이트 형 **단단한, 갑갑한**

This shirt is too tight for me.

디스 셔트 이즈 투 타이트 포어 미

이 셔츠는 나에게 너무 타이트하다.

till

[tíl] 틸 전 **~까지**

I'll be here till you come back.

아윌 비 히얼 틸 유 컴 백

네가 돌아올 때까지 여기 있을 것이다.

T

time

[táim] 타임 명 **시간, 기간, 여가**

Do you have a time?

두- 유- 해브 어 타임

너 시간 있니?

tiny

[táini] 타이니 형 **조그마한, 아주 작은**

We noticed tiny bugs.

위 노티쓰드 타이니 버그스

우리는 작은 벌레들을 보았다.

tired

[táiərd] 타이얼드 형 **지친, 피곤한, 싫증난**

You seem so tired.

유 시임 소 타이얼드

너 매우 피곤해 보이는구나.

title

[táitl] 타이틀 명 **표제, 제목,**

What is the title of the book?

왓 이즈 더 타이틀 어브 더 북

그 책의 제목은 무엇입니까?

to

[tú:] 투– 전 **~에, ~까지, ~으로**

• **to+동사원형 :**
to 부정사를 만든다

Where are you going to?

웨어 아 유 고잉 투-

너 어디로 가는 중이니?

today

[tədéi] 터데이 명 **오늘**

What are you going to do today?

왓 아 유 고잉 투 두 터데이

오늘 너는 무엇을 할거니?

together

[təgéðər] 터게더 부 **함께, 동시에**

Let's go together.

렛츠 고- 터게더

같이 가자.

tomorrow

[təmɔ́:rou] 투모–로우 명 **내일**

See you tomorrow.

시 유 투모-로우

내일 만나자.

T

tonight

[tənáit] 투나잇 명 **오늘밤**

I hope you sleep well tonight.

아이 호웁 유 슬립 웰 투나잇

오늘 밤 잘 자길 바랄게.

too

[tú:] 투– 부 **또한(형용사나, 부사를 강조하여), 너무**

It's too late to go there.

잇츠 투- 레이트 투 고우 데어

그곳에 가기에는 너무 늦었다.

tool

[tú:l] 투–울 명 **도구, 연장**

Dad fixed the broken chair with tools.

대드 픽스트 더 브로우컨 체어 위드 툴즈

아빠는 부러진 의자를 도구로 고쳤다.

top

[táp] 탑 명 **정상, 꼭대기**

What is on the top of the mountain?

왓 이즈 안 더 탑 어브 더 마운턴

산 꼭대기에는 무엇이 있지?

total

[tóutl] 토탈 형 **전체의** 명 **총계, 합계**

How much is the total cost of the food?

하우 머치 이즈 더 토탈 코스트 어브 더 푸드

음식값은 총 얼마인가요?

touch

[tʌ́tʃ] 터치 동 **만지다** 명 **접촉**

Don't touch the painted table.

도운트 터치 더 페인티드 테이벌

페인트 칠한 테이블에 손대지 마세요.

toward(s)

[tɔ́ːrd(z)] 투워드 전 **~쪽으로, ~로 향하여, ~에 대하여**

The girl ran towards her mother.

더 걸 랜 투워즈 허 머더

소녀는 엄마를 향해 달려갔다.

towel

[táuəl] 타월 명 **수건, 타월**

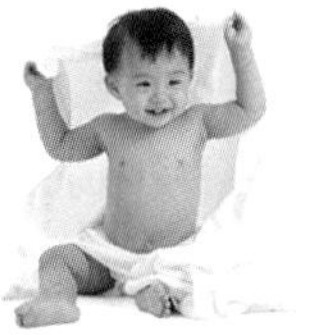

Hand me the towel.

핸드 미 더 타월

수건을 건네줘.

T

tower

[táuər] 타워 명 **탑**

The Eiffel Tower is very tall.

디 에펠 타워 이즈 베리 토올

에펠탑은 아주 높아.

town

[táun] 타운 명 **마을, 읍내**

I live in a town not far from city.

아이 리브 인 어 타운 낫 파아 프럼 시티

나는 도시에서 멀지 않은 마을에 산다.

toy

[tɔ́i] 토이 명 **장난감**

He's playing with a toy train.

히즈 플레잉 위드 어 토이 트레인

그는 장난감 기차를 가지고 놀고 있다.

track

[træk] 트랙 명 **지나간 자취, 발자국** 동 **추적하다**

The police track down the criminal.

더 펄리스 트랙 다운 더 크리머널

경찰이 범인을 추적하다.

trade

[tréid] 트레드 명 **무역, 거래**

He made a fortune by trade.

히 메이드 어 포츈 바이 트레이드

그는 무역으로 큰돈을 벌었다.

tradition

[trədíʃən] 트레디션 명 **전통, 전설**

Having a cake on your birthday is a tradition.

해빙 어 케익 안 유어 버쓰데이 이즈 어 트레디션

생일에 케이크를 먹는 것은 전통이다.

traffic

[trǽfik] 트레픽 명 **교통, 왕래**

There is a lot of traffic on the road.

데어 이즈 어 랏 어브 트래픽 안 더 로우드

도로에 차가 많이 막힌다.

train

[tréin] 트레인 명 **열차, 기차**

She will take the express train.

쉬 윌 테익 디 익스프레스 트레인

그녀는 급행열차를 탈 것이다.

T

transport

[trænspɔ́:rt] 트랜스포어트

I normally travel by public transport.

아이 노어멀리 트래벌 바이 퍼블릭 트랜스포어트

나는 보통 대중교통을 이용해서 이동한다.

travel

[trǽvəl] 트래벌 명 **여행** 동 **여행하다**

I want to travel around the world.

아이 원 투 트래벌 어라운드 더 월드

나는 세계 일주를 하고 싶다.

treasure

[tréʒər] 트레져 명 **보물, 귀중품** 동 **소중히 하다, 간수하다**

Friendship is a great treasure above all else.

프렌드쉽 이즈 어 그레이트 트레저 어버브 올 엘스

우정은 무엇보다 큰 보물이다.

treat

[trí:t] 트리트 동 **대우하다, 다루다, 치료하다**

She treated the guests kindly.

쉬 트리티드 더 게스트스 카인들리

그녀는 손님들을 친절하게 대했다.

tree

[tríː] 트리- 명 **나무**

There are many trees in the mountains.

데어 아 메니 트리-즈 인 더 마운턴즈

산에는 나무들이 많다.

trick

[trík] 트릭 명 **속임수, 장난** 동 **속이다**

He's always playing tricks on her.

히즈 올웨이즈 플레이잉 트릭스 안 허

그는 항상 그녀에게 장난을 친다.

trip

[tríp] 트립 명 **(짧은)여행**

Have a nice trip!

해브 어 나이스 트립

즐거운 여행이 되길!

trouble

[trʌ́bl] 트러블 명 **근심, 걱정**

What's your trouble?

왓츠 유어 트러블

무슨 걱정거리 있니?

T

true

[trú:] 튜루– 형 **진실의**

• **truth**
명 진실, 사실

Is it true that you're leaving?

이즈 잇 튜루- 댓 유어 리-빙

네가 떠난다는 것이 정말이니?

trust

[trʌ́st]] 트러스트 명 **신용, 신뢰** 동 **신뢰하다**

I'll trust you and wait.

아윌 트러스트 유 앤드 웨잇

나는 당신을 믿고 기다리겠다.

try

[trái] 트라이 동 **노력하다, 시도하다**

I tried to be a good student.

아이 트라이드 투 비 어 굿 스투던트

나는 좋은 학생이 되려고 노력했다.

tube

[tjú:b] 튜–브 명 **관, 튜브, 터널**

Try to squeeze the toothpaste tube well.

트라이 투 스퀴즈 더 투쓰페이스트 튜-브 웰

치약 튜브를 잘 짜라.

turn

[tə́ːrn] 터-언 동 돌리다, 돌다 명 회전, 변화

Let's turn the car around and go home.

렛츠 터-언 더 카 어라운드 앤드 고 홈

차를 돌려 집에 가자.

twice

[twáis] 투와이스 부 두 번, 두 배

She cleans his teeth twice a day.

쉬 클린즈 히즈 티쓰 투와이스 어 데이

그녀는 하루에 두 번 이를 닦는다.

twin

[twín] 트윈 명 쌍둥이

These twins are very much alike.

디즈 트윈즈 아 베리 머치 얼라익

이 쌍둥이들은 아주 많이 닮았다.

type

[táip] 타입 명 형, 양식 동 타이프 치다

He's a serious type of person.

히즈 어 시어리어스 타입 어브 퍼슨

그 사람은 진지한 타입이다.

T

U

ugly

[ʌ́gli] 어글리 형 **추한, 못생긴**

He is very ugly, but I like him

히 이즈 베리 어글리, 벗 아이 라익 힘

그는 매우 못생겼지만, 나는 그를 좋아한다.

umbrella

[ʌmbrélə] 엄브렐러 명 **우산**

I lost my umbrella.

아이 로-스트 마이 엄브렐러

나는 내 우산을 잃어버렸어.

under

[ʌ́ndər] 언더 전 **~밑에, 아래에**

There were many flowers under the tree.

데어 워 메니 플라워즈 언더 더 트리

나무 밑에 많은 꽃들이 있었다.

underground

[ʌ́ndərgràund] 언더그라운드 형 **지하의, 땅속의**

The subway runs underground.

더 서브웨이 런즈 언더그라운드

지하철은 지하로 운행한다.

understand

[ʌ̀ndərstǽnd] 언더스탠드 동 **이해하다, 알다**

Do you understand what I'm saying?

두 유 언더스탠드 왓 아임 세이잉

제 말이 무슨 뜻인지 알겠어요?

- **understood :** 과거
- **understood :** 과거분사

unfair

[ʌ̀nfέər] 언페어 형 **불공정한, 부당한**

We complained that the referee was unfair.

위 컴플레인드 댓 더 레퍼리 워즈 언페어

우리는 심판이 불공평하다고 불평했다.

unfortunately

[ʌ̀nfɔ́ːrtʃənətli] 언포어처너틀리 부 **불행하게도**

Unfortunately, this project ended in failure.

언포어처너틀리, 디스 프라젝트 엔디드 인 페일르여

안타깝게도 이 프로젝트는 실패로 끝났다.

U

unique

[juːníːk] 유니크 형 **독특한, 유일한**

We had rather a unique experience.

위 해드 래더 어 유닉크 익스피어리언스

우리는 다소 독특한 경험을 했다.

unite

[juːnáit] 유나이트 동 **결합하다, 통합하다**

The countries united to prevent war.

더 컨트리즈 유나이티드 투 프리벤트 워어

그 나라들은 전쟁을 막기 위해 연합했다.

university

[jùːnəvə́ːrsəti] 유너버서티 명 **종합대학교**

He is going to university next year.

히 이즈 고잉 투 유너버서티 넥스트 이어

그는 내년에 대학에 간다.

unlike

[ənlaík] 언라이크 형 **같지 않은, 다른**

The two sisters are quite unlike.

더 투 시스터즈 아 콰잇 언라이크

그 두 자매는 매우 다르다.

until

[əntíl] 언틸 전 ~까지 접 ~할 때까지

Can you stay until Jim returns?

캔 유 스테이 언틸 짐 리턴즈

짐이 돌아올 때까지 있을 수 있니?

unusual

[ʌnjúːʒuəl] 언유-주얼 형 **이상한, 유별난**

He has a nose of an unusual size.

히- 해즈 어 노우즈 어브 언 언유-주얼 사이즈

그는 유별나게 큰 코를 가지고 있다.

up

[ʌ́p] 업 부 **위로, 위에(=upon)**

We climbed up on the mountain.

위 클라임드 업 안 더 마운턴

우리는 산을 올라갔다.

U

upper

[ʌ́pər] 어퍼 형 **더 위의, 상위의**

I fell and hurt my upper lip.

아이 펠 앤드 허트 마이 어퍼 립

나는 넘어져서 윗입술을 다쳤다.

upset

[ʌ́psèt] 업셋트 동 **뒤집어엎다, 당황케 하다** 명 **전복**

The cat has upset a cup of coffee.

더 캣 해즈 업셋 어 컵 어브 커피

고양이가 커피잔을 뒤집었다.

upstairs

[ʌ́pstέərz] 업스테어즈 부 **위층(2층)으로** 형 **위층의**

The bathroom is upstairs.

더 배쓰룸 이즈 업스테어즈

화장실은 위층에 있다.

us

[ʌ́s] 어스 대 **우리를, 우리에게 (we의 목적격)**

The teacher gave us a question.

더 티쳐 게이브 어스 어 퀘스천

선생님께서 우리에게 문제를 주셨다.

use

[júːs] 유-즈 동 **사용하다** 명 **사용**

Can I use your computer?

캔 아이 유-즈 유어 컴퓨터

네 컴퓨터를 사용할 수 있겠니?

used

[júːst] 유즈드 형 **익숙한, 사용된**

We bought a used car.

위 밧 어 유즈드 카아

우리는 중고차를 샀다.

useful

[júːsfəl] 유–스펄 형 **유익한, 쓸모 있는**

This map is very useful.

디스 맵 이즈 베리 유–스펄

이 지도는 아주 쓸모 있다.

useless

[júːslis] 유슬레스 형 **쓸모 없는**

A pen is useless without ink.

어 펜 이즈 유슬레스 위다우트 잉크

펜은 잉크가 없으면 쓸모가 없다.

usual

[júːʒuəl] 유주얼 형 **평소의, 보통의**

- **usually**
  부 보통, 대개

He arrived later than usual.

히 어라이브드 레이터 댄 유주얼

그는 평소보다 늦게 도착했다.

V

vacation

[veikéiʃən] 베케이션 명 휴가, 방학

How was your summer vacation?

하우 워즈 유어 서머 베케이션

여름방학은 어땠니?

valley

[vǽli] 밸리 명 골짜기, 계곡

The valley was hidden from view in the mist.

더 밸리 워즈 히든 프럼 뷰 인 더 미스트

그 계곡은 안개 속에 시야에 가려져 있었다.

valuable

[vǽljuəbl] 밸류벌 형 귀중한, 소중한

This jewelry is valuable.

디스 주얼리 이즈 밸류벌

이 보석은 귀중하다.

value

[vǽljuː] 밸류 명 가치 동 평가하다

His novels have a high literary value.

히즈 나벌즈 해브 어 하이 리터레리 밸류

그의 소설은 문학적 가치가 높다.

variety

[vəráiəti] 버라이어티 명 다양성, 여러 가지

There is a variety of color to choose from.

데어 이즈 어 버라이어티 어브 컬러 투 추즈 프럼

다양한 색상을 선택할 수 있다.

various

[vέəriəs] 베어리어스 형 여러 가지의, 다양한

The restaurant sells various foods.

더 레스터란트 셀즈 베어리어스 푸즈

그 식당은 다양한 음식을 판다.

vase

[véis] 베이스 명 꽃병

Who broke this vase?

후 브로크 디스 베이스

누가 이 꽃병을 깼니?

vegetable

[védʒəitəbl] 베지터블 명 **채소, 야채**

onion [ʌ́njən] 어니언
양파

potato [pətéitou]
퍼테이토우 **감자**

pumpkin [pʌ́mpkin]
펌프킨 **호박**

carrot [kǽrət] 캐럿트
당근

spinach [spínitʃ]
스피니치 **시금치**

cucumber [kjú:kʌmbər]
큐컴버 **오이**

sweet potato
[swíːt pətèitou] 스윗 퍼테이토우
고구마

garlic [gáːrlik] 가알릭
마늘

radish [rǽdiʃ] 래디쉬
무

celery [séləri] 셀러리
샐러리

lettuce [létis] 레터스
상추

broccoli [brákəli]
브러컬리 **브로콜리**

cauliflower [kɔ́ːliflàuər]
컬리플라워 **콜리플라워**

paprika [pæpríːkə]
파프리카 **파프리카**

vehicle

[víːikl] 비헤컬 명 **탈 것, 차**

Two men get on the vehicle.

투 멘 겟 안 더 비헤커

두 남자가 차를 탔다.

very

[véri] 베리 부 **매우, 아주**

Thank you very much.

생큐- 베리 머취

대단히 감사합니다.

victim

[víktim] 빅팀 명 **희생, 피해자**

The accident resulted in many victims.

디 액시던트 리절티드 인 메니 빅팀즈

그 사고는 많은 희생자를 낳았다.

victory

[víktəri] 빅토리 명 **승리**

We celebrated our team's victory.

위 셀러브레이티드 아워 팀즈 빅토리

우리는 우리 팀의 승리를 축하했다.

view

[vjúː] 뷰 명 **시야, 전망**

My room has a good view.

마이 루움 해즈 어 굿 뷰-

내 방은 경치가 좋다.

village

[vílidʒ] 빌리쥐 명 **마을**

He lives in this small village.

히 리브즈 인 디스 스모올 빌리쥐

그는 이 작은 마을에서 산다.

virus

[váiərəs] 바이러스 명 **바이러스, 병원체**

The cold virus is transmitted through the air.

더 코울드 바이러스 이즈 트랜스미티드 쓰루 디 에어

감기 바이러스는 공기를 통해 전염된다.

vision

[víʒən] 비전 명 **미래, 시력, 비전**

He has a very good vision.

히 해즈 어 베리 굿 비전

그는 아주 좋은 시력을 가지고 있다.

visit

[vízit] 비짓 동 **방문하다** 명 **방문**

I visited his house last summer.

아이 비지티드 히즈 하우스 라스트 서머

나는 지난 여름 그의 집을 방문했다.

• **visitor**
명 방문자

vitamin

[váitəmin] 바이터민 명 **비타민**

Vitamin A is good for eye sight.

바이터민 에이 이즈 굿 포어 아이 사이트

비타민 A는 시력에 좋다.

vocabulary

[voukǽbjulèri] 보캐벌레어리 명 **단어, 어휘**

There is a vocabulary test today.

데어 이즈 어 보캐벌레어리 테스트 터데이

오늘은 단어 시험이 있다.

voice

[vɔ́is] 보이스 명 **목소리, 음성**

She has a beautiful voice.

쉬 해즈 어 뷰티플 보이스

그녀는 아름다운 목소리를 가졌다.

volcano

[valkéinou] 볼케이노우 명 **화산**

A volcano is one kind of mountain.

어 볼케이노우 이즈 원 카인드 어브 마운턴

화산은 산의 한 종류이다(일종이다).

volume

[válju:ml] 볼륨 명 **책, 권, 부피, 다량**

I have read the first volume.

아이 해브 레드 더 퍼스트 볼륨

나는 첫 번째 권을 읽었다.

volunteer

[vàləntíər] 발런티어 명 **자원 봉사자** 동 **봉사하다**

Volunteers work without pay.

발런티어즈 웍 위다우트 페이

자원봉사자들은 무보수로 일한다.

vote

[vóut] 보우트 동 **투표하다** 명 **투표**

You can vote from the age of 18.

유 캔 보우트 프럼 디 에이지 어브 에이틴

18세부터 투표할 수 있다.

W

wait

[wéit] 웨이트 동 **기다리다**

Wait here until I get back.

웨이트 히어 언틸 아이 겟 백

내가 돌아올 때까지 여기서 기다려.

wake

[wéik] 웨이크 동 **(잠에서) 깨다, 깨우다**

She usually wakes up early.

쉬 유줠리 웨익스 업 어얼리

그녀는 보통 일찍 일어난다.

walk

[wɔ́:k] 워-크 동 **걷다** 명 **보행**

We walk to school everyday.

위 워-크 투 스쿨 에브리데이

우리는 매일 걸어서 학교에 간다.

W

wall

[wɔ́:l] 워얼 명 **벽, 담**

They are painting the wall.

데이 아 페인팅 더 워얼

그들은 벽을 칠하고 있다.

wallet

[wálit] 월렛트 명 **지갑**

There was much money in his wallet.

데어 워즈 머치 머니 인 히즈 월렛트

그의 지갑에는 많은 돈이 있었다.

want

[wɔ́:nt] 원트 동 **원하다, ~을 갖고 싶어하다**

I want to play basketball.

아이 원 투 플레이 배스킷보올

나는 농구를 하고 싶다.

war

[wɔ́:r] 워– 명 **전쟁**

My grandfather died in the Korean War.

마이 그랜드파–더 다이드 인 더 코리–언 워–

나의 할아버지는 한국 전쟁에서 돌아가셨다.

warm

[wɔ́:rm] 워엄 형 **따뜻한**

It's getting warmer day by day.

잇츠 겟팅 워머 데이 바이 데이

날이 갈수록 따뜻해진다.

warn

[wɔ́:rn] 원 동 **경고하다**

He warned me not to go there.

히 원드 미 낫 투 고우 데어

그는 나에게 그곳에 가지 말라고 경고했다.

was

[wʌ́z] 워즈 동 **~이었다, ~에 있었다 (be동사 1, 3인칭 단수 과거형)**

She was in Pusan yesterday.

쉬 워즈 인 부산 예스터데이

그녀는 어제 부산에 있었다.

wash

[wɑ́ʃ] 와쉬 동 **씻다, 세탁하다**

Wash your hands before you eat.

와쉬 유어 핸즈 비포- 유 잇트

먹기 전에 손을 씻어라.

waste

[wéist] 웨이스트 동 **낭비하다** 명 **낭비, 허비**

Don't waste your time.

돈트 웨이스트 유어 타임

시간을 낭비하지 마라.

watch

[wátʃ] 와치 명 **손목 시계, 감시** 동 **지켜보다, 보다**

Watch the cars when you cross the street.

와치 더 카즈 웬 유 크로스 더 스트릿

길을 건널 때는 차를 조심해라.

water

[wɔ́:tər] 워터 명 **물**

Would you like a glass of water?

우드 유 라익 어 글래스 어브 워터

물 한 잔 줄까?

wave

[wéiv] 웨이브 명 **파도, 물결** 동 **흔들다**

There is a big wave in the sea.

데어 이즈 어 빅 웨이브 인 더 시

바다에 큰 파도가 치고 있다.

W

way

[wéi] 웨이 명 **길, 방향**

Which is the shortest way to her office?

위치 이즈 더 쇼어티스트 웨이 투 허 오퍼스

그녀의 사무실로 가는 가장 짧은 길은 어디인가요?

we

[wíː] 위- 대 **우리는, 우리가**

We are elementary school students.

위 아 엘리먼트리 스쿠울 스튜던츠

우리는 초등학생들이다.

weak

[wíːk] 위-크 형 **약한**

I'm very healthy, but my brother is weak.

아임 베리 헬씨. 벗 마이 브라더 이즈 위-크

나는 아주 건강해, 하지만 내 동생은 허약해.

wealth

[wélθ] 웰쓰 명 **부, 재산**

She has a lot of wealth.

쉬 해즈 어 랏 어브 웰쓰

그녀는 재산이 많다.

weapon

[wépən] 웨펀 명 **무기, 병기**

Nuclear weapons are very dangerous.

누클리어 웨펀즈 아 베리 데인저러스

핵무기는 매우 위험하다.

wear

[wɛ́ər] 웨어 동 **입다**

I wear an apron when I cook.

아이 웨어 앤 에이프런 웬 아이 쿡

저는 요리할 때 앞치마를 입는다.

- **wore** : 과거
- **worn** : 과거분사

weather

[wéðər] 웨더 명 **일기, 날씨**

We had rainy weather yesterday.

위 해드 레이니 웨더 예스터데이

어제는 비오는 날씨였다.

wedding

[wédiŋ] 웨딩 명 **결혼, 결혼식**

Today is my wedding anniversary.

터데이 이즈 마이 웨딩 애니버서리

오늘은 내 결혼기념일이야.

week

[wí:k] 위크 명 주, 7일간

Monday [mʌ́ndei] 먼데이 **월요일**

Tuesday [tjú:zdei] 투즈데이 **화요일**

Wednesday [wénzdei] 웬즈데이 **수요일**

Thursday [θə́:rzdei] 써즈데이 **목요일**

Friday [fráidei] 프라이데이 **금요일**

Saturday [sǽtərdi] 새터데이 **토요일**

Sunday [sʌ́nde] 썬데이 **일요일**

weekend

[wí:kènd] 위크엔드 명 **주말**

Have a nice weekend!

해브 어 나이스 위크앤드

즐거운 주말이 되길!

W

weight

[wéit] 웨이트 명 **무게, 체중** 동 **무겁게 하다**

What is the weight of this box?

왓 이즈 더 웨이트 어브 디스 박스

이 상자의 무게는 얼마니?

welcome

[wélkəm] 웰컴 형 **환영받는** 동 **환영하다**

We welcomed the guests at the door.

위 웰컴드 더 게스트스 앳 더 도어

우리는 문 앞에서 손님을 맞이했다.

well

[wél] 웰 부 **잘, 훌륭하게** 형 **건강한**

You speak English very well.

유 스피-크 잉글리쉬 베리 웰

너 영어를 아주 잘 하는구나.

west

[wést] 웨스트 명 **서쪽** 형 **서쪽의**

Inchon is to the west of Seoul.

인천 이즈 투 더 웨스트 어브 서울

인천은 서울의 서쪽에 있어.

wet

[wét] 웻 형 **젖은, 축축한**

Take off your wet clothes.

테익 오프 유어 웻 클로우즈

젖은 옷을 벗어라.

whale

[hwéil] 웨(훼)일 명 **고래**

The whale is the largest sea animal.

더 웨일 이즈 더 라지스트 씨- 애너멀

고래는 가장 큰 바다 동물이야.

what

[hwát] 왓(홧) 대 **무엇, 어떤 것**

What is this?

왓 이즈 디스

이것은 무엇이니?

wheel

[hwí:l] 위일(휘일) 명 **바퀴**

Cars and bicycles run on wheels.

카즈 앤드 바이시컬즈 런 안 휘일

자동차와 자전거는 바퀴로 달린다.

when

[hwén] 웬(헨) 부 **언제**

When did you buy this coat?

웬 디쥬 바이 디스 코트

이 코트는 언제 샀니?

where

[hwέər] 웨어(훼어) 부 **어디에**

Where are you?

웨어 아 유

너 어디에 있니?

whether

[hwéðər] 웨더 접 **~인지 아닌지, ~이건 아니건**

I will go there whether it snows or not.

아이 윌 고우 데어 웨더 잇 스노우즈 오어 낫

나는 눈이 오든 안 오든 그곳에 갈 것이다.

which

[hwítʃ] 위치(휘치) 대 **어느 쪽, 어느 것**

Which coffee would you like, hot or cold?

위치 커피 우드 유 라익, 핫 오어 코울드

뜨거운 커피와 차가운 커피 중 어떤 것을 원하십니까?

while

[hwáil] 와일(화일) 접 ~하는 동안에 명 동안, 기간

She came home while I was asleep.

쉬 케임 홈 와일 아이 워즈 어슬립

그녀는 내가 자고 있는 동안 집에 왔어.

whistle

[hwísl] 위(휘)슬 명 휘파람 동 휘파람을 불다

He gave a loud whistle.

히 게이브 어 라우드 위슬

그는 휘파람을 크게 불었다.

who

[hú:] 후- 대 누구, 누가

Who's that woman over there?

후즈 댓 우먼 오버 데어

저쪽에 있는 여자는 누구니?

whole

[hóul] 호울 형 전체의, 모든

The whole of city is covered with snow.

더 호울 어브 시티 이즈 커버드 위드 스노우

도시 전체가 눈으로 덮여있다.

whom

[hú:m] 후움 대 **누구를(who의 목적격)**

He is the friend whom I trust.

히 이즈 더 프렌드 훔 아이 트러스트

그는 내가 신뢰하는 친구다.

whose

[hú:z] 후-즈 대 **누구의(who의 소유격)**

Whose bag is this?

후-즈 백 이즈 디스

이 가방은 누구 꺼니?

why

[hwái] 와(화)이 대 **왜, 어째서**

Why did you hit your brother?

와이 디쥬 힛 유어 브라더

왜 동생을 때렸니?

wide

[wáid] 와이드 형 **넓은**

There is a tree standing in a wide field.

데어 이즈 어 트리 스탠딩 인 어 와이드 필드

넓은 들판에 나무 한 그루가 서 있다.

wife

[wáif] 와이프 명 **아내, 부인**

He is waving his hand at his wife.

히 이즈 웨이빙 히즈 핸드 앳 히즈 와이프

그는 아내에게 손을 흔들고 있다.

wild

[wáild] 와일드 형 **난폭한, 거친, 야생의**

The American football is a wild sport.

디 어메리컨 풋보올 이즈 어 와일드 스포츠

미식축구는 거친 운동이야.

will

[wíl] 윌 조 **~일 것이다, ~할 것이다**

I will rest at home tomorrow.

아이 윌 레스트 앳 호움 터마아로우

나는 내일 집에서 쉴 것이다.

win

[wín] 윈 동 **이기다**

I won the race.

아이 원 더 레이스

내가 경주에서 이겼어.

- **won** : 과거
- **won** : 과거분사

wind

[wínd] 윈드 명 **바람**

The wind is blowing hard.

더 윈드 이즈 블로잉 하-드

바람이 세차게 불고 있어.

window

[wíndou] 윈도우 명 **창, 창문**

She is looking out of the window.

쉬 이즈 루킹 아웃 어브 더 윈도우

그녀는 창밖을 보고 있다.

wine

[wáin] 와인 명 **포도주, 술**

Wine is made from grapes.

와인 이즈 메이드 프럼 그레이프즈

포도주는 포도로 만든다.

wing

[wíŋ] 윙 명 **날개**

Birds can fly with their wings.

버즈 캔 플라이 위드 데어 윙즈

새들은 날개로 날 수 있다.

W

winter

[wíntər] 윈터 명 **겨울**

I like skiing in winter.

아이 라잌 스키잉 인 윈터

나는 겨울에 스키 타는 것을 좋아한다.

wise

[wáiz] 와이즈 형 **현명한, 슬기로운**

He made a wise decision.

히 메이드 어 와이즈 디시전

그는 현명한 결정을 내렸다.

wish

[wíʃ] 위쉬 동 **바라다, 희망하다** 명 **소원**

What is your wish?

왓 이즈 유어 위쉬

너의 소원은 무엇이니?

with

[wíð] 위드 전 **~와 함께**

I went there with my classmates.

아이 웬트 데어 위드 마이 클래스메잇스

나는 반 친구들과 그곳에 갔다.

within

[wiðín] 위딘 전 **(시간, 거리)~이내에(의)** 부 **안에(으로), 마음 속으로**

I can't finish homework within the time.

아이 켄트 피니쉬 홈워-크 위딘 더 타임

그 시간 내에 숙제를 마칠 수 없다.

without

[wiðáut] 위드아웃 전 **~없이**

Don't go out without a key.

도운트 고우 아웃 위다우트 어 키

열쇠 없이 외출하지 마라.

wolf

[wúlf] 울프 명 **늑대**

Have you ever seen a wolf?

해브 유 에버 신 어 울프

늑대를 본 적이 있니?

woman

[wúmən] 우먼 명 **여자, 여성, 부인**

- **women**
  명 여자들
  (woman의 복수)

My teacher is a woman.

마이 티처 이즈 어 우먼

나의 선생님은 여자이시다.

W

wonder

[wʌ́ndər] 원더 동 **궁금하다, 놀라다** 명 **경이, 놀라운 것**

I wonder who the stranger is.

아이 원더 후 더 스트레인저 이즈

낯선 사람이 누군지 궁금하다.

wonderful

[wʌ́ndərfəl] 원더펄 형 **훌륭한, 놀라운**

Your painting is wonderful.

유어 페인팅 이즈 원더펄

당신의 그림은 정말 멋져요.

wood

[wúd] 우드 명 **나무, 숲**

This bed is made of cypress wood.

디스 베드 이즈 메이드 어브 사이프러스 우드

이 침대는 편백나무로 만들어졌다.

wool

[wúl] 우울 명 **양털, 모직물**

My mother gave me a wool sweater.

마이 머더 게이브 미 어 우울 스웨터

어머니께서 나에게 털 스웨터를 주셨다.

W

word

[wə́:rd] 워-드 명 **말, 단어**

How do you spell the word?

하우 두 유 스펠 더 워-드

그 단어의 철자가 어떻게 되나요?

work

[wə́:rk] 워-크 명 **일, 공부** 동 **일하다**

He has lots of work to do.

히 해즈 랏츠 어브 워-크 투 두

그는 할 일이 많다.

world

[wə́:rld] 워얼드 명 **세계, 세상**

The airport is a gateway to the world.

디 에어포어트 이즈 어 게이트웨이 투 더 워얼드

공항은 세계로 통하는 관문이다.

worm

[wə́:rm] 워-엄 명 **벌레**

Many birds eat worms.

메니 버-즈 잇 워-엄즈

많은 새들은 벌레를 먹는다.

worry

[wɔ́:ri] 워–리 동 **걱정하다**

I'm very worried about the promotion.

아임 베리 워-리드 어바웃 더 프러모션

나는 승진에 대해 매우 걱정하고 있다.

worse

[wɔ́r:s] 월스 형 **더 나쁜(bad의 비교급)**

His illness became worse.

히즈 일니스 비케임 월스

그의 병은 더욱 악화되었다.

worst

[wɔ́:rst] 워–스트 형 **가장 나쁜, 최악의(bad의 최상급)**

It is the worst accident in history.

잇 이즈 더 워-스트 액시던트 인 히스터리

이것은 역사상 최악의 사고다.

would

[wúd] 우드 동 **~일 것이다, ~ 했을 것이다**

Would you like anything else?

우드 유 라익 에니씽 엘스

더 필요한 것 있으세요?

- **would you~**
  ~해 주시겠습니까?
  (공손하게 부탁할 때 쓰는 표현)

wound

[wúːnd] 와운드 명 **상처, 부상**

The doctor healed my wound.

더 닥터 힐드 마이 와운드

의사가 나의 상처를 치료해 주었다.

wrap

[rǽp] 랩 동 **싸다, 포장하다**

Please wrap the gift.

플리즈 랩 더 기프트

선물을 포장해 주세요.

write

[ráit] 라이트 동 **쓰다**

Please write your name here.

플리즈 라이트 유어 네임 히어

여기에 이름을 써주세요.

- **wrote** : 과거
- **written** : 과거분사

wrong

[rɔ́ːŋ] 렁 형 **나쁜, 틀린**

He dialed the wrong number.

히 다열드 더 롱 넘버

그가 전화를 잘못 걸었다.

Y

yard

[já:rd] 야드 명 야드(길이 단위), 뜰, 마당

There are flowers in the yard.

데어 아 플라워즈 인 더 야드

뜰에 꽃들이 있어.

yawn

[jɔ́:n] 요온 명 하품 동 하품하다

Cover your mouth when you yawn.

커버 유어 마우쓰 웬 유 요온

하품할 때에는 입을 가려라.

year

[jíər] 이어 명 해, 연도, 나이

I went to Europe last year.

아이 웬 투 유럽 라스트 이어

나는 작년에 유럽에 갔었다.

yell

[jél] 옐 동 **소리지르다, 고함치다**

The man yelled at us to go.

더 맨 옐드 앳 어스 투 고우

그 남자는 우리에게 가라고 소리쳤다.

yes

[jés] 예스 부 **예, 그래**

"Can you speak English?" "Yes, a little."

캔 유 스피-크 잉글리쉬? 예스, 어 리틀

"너는 영어를 말할 수 있니?" "예 약간 할 수 있어요."

yesterday

[jéstərdèi] 예스터데이 명 **어제**

I played baseball yesterday.

아이 플레이드 베이스볼 예스터데이

나는 어제 야구를 했다.

yet

[jét] 옛 부 **아직** 접 **그럼에도 불구하고**

She has not arrived yet.

쉬 해즈 낫 얼라이브드 옛

그녀는 아직 도착하지 않았어.

Y

yield

[jíːld] 일드 동 **산출하다** 명 **수확물**

The banana yielded well this year

더 버내너 일디드 웰 디스 이어

바나나는 올해 수확이 좋았다.

you

[júː] 유 대 **너, 너희들, 당신, 당신들**

You are all my best friends.

유 아아 올 마이 베스트 프렌즈

너희들은 모두 나의 가장 친한 친구들이다.

young

[jʌ́ŋ] 영 형 **젊은**

She is too young to play alone.

쉬 이즈 투 영 투 플레이 얼로운

그녀는 혼자 놀기엔 너무 어리다.

your

[júər] 유어 대 **너희(들)의, 당신(들)의(you의 소유격)**

I do not agree with your opinion.

아이 두 낫 어그리 위드 유어 어피년

나는 너의 의견에 동의하지 않는다.

yours

[júərz] 유어즈 대 **너희(당신)들의 것 (you의 소유대명사)**

Is that book yours?

이즈 댓 북 유어즈

저 책은 너의 것이니?

yourself

[juərsélf] 유어셀프 대 **너(당신) 자신**

You love only yourself.

유 러브 온리 유어셀프

너는 오직 너 자신만을 사랑해.

youth

[jú:θ] 유쓰 명 **젊음, 청년**

Youth is as fresh as spring.

유쓰 이즈 애즈 프레쉬 애즈 스프링

청춘은 봄처럼 풋풋하다.

youthful

[jú:θfəl] 유쓰펄 형 **젊은, 어린**

He enjoyed adventure when he was youthful.

히 엔조이드 애드벤처 웬 히 워즈 유쓰펄

그는 젊었을 때 모험을 즐겼다.

Y

불규칙 동사·조동사 변화표

현재	과거	과거분사
am	was	been
are	were	been
awake	awoke	awoke
be am	was	been
are	were	been
is	was	been
bear	bore	born borne
begin	began	begun
bite	bit	bitten
blow	blew	blown
break	broke	broken
bring	brought	brought
build	built	built
burn	burned burnt	burned burnt
buy	bought	bought
can	could	-
catch	caught	caught
choose	chose	chosen
come	came	come
dig	dug	dug
do	did	done
draw	drew	drawn
dream	dreamed	dreamed
drink	drank	drunk
dirve	drove	driven
eat	ate	eaten

현재	과거	과거분사
fall	fell	fallen
feel	felt	felt
fight	fought	fought
find	found	found
fly	flew	flown
forget	forgot	forgot
		forgotten
get	got	gotten
		got
give	gave	given
go	went	gone
grow	grew	grown
has	had	had
have	had	had
hear	heard	heard
hide	hid	hidden
		hid
hit	hit	hit
hold	held	held
hurt	hurt	hurt
is	was	been
keep	kept	kept
knit	knitted	knitted
	knit	knit
know	knew	known
lay	laid	laid
lead	led	led
leave	left	left
lend	lent	lent
let	let	let
lie 가로눕다	lay	lain
lie	lied	lied

현재	과거	과거분사
light	lighted	lighted
lose	lost	lost
make	made	made
may	might	-
mean	meant	meant
meet	met	met
mistake	mistook	mistaken
must	must	-
pass	passed	passed past
pay	paid	paid
ride	rode	ridden
ring	rang	rung
rise	rose	risen
run	ran	run
say	said	said
see	saw	seen
sell	sold	sold
send	sent	sent
sew	sewed	sewed sewn
shake	shook	shaken
shall	should	-
shine	shined	shined
shine 빛나다	shone	shone
shoot	shot	shot
show	showed	shown showed
shut	shut	shut
sing	sang	sung
sink	sank	sunk sunken

현재	과거	과거분사
sit	sat	sat
sleep	slept	slept
smell	smelt	smelt
speak	spoke	spoken
spell	spelt	spelt
spend	spent	spent
spread	spread	spread
spring	sprang	sprung
stand	stood	stood
steal	stole	stolen
stick	stuck	stuck
strike	struck	struck
sweep	swept	swept
swim	swam	swum
take	took	taken
teach	taught	taught
tear	tore	torn
tell	told	told
think	thought	thought
throw	threw	thrown
understand	undrstood	understood
wake	waked	waked
wear	wore	worn
weep	wept	wetp
will	would	-
win	won	won
wind	wound	wound
write	wrote	written

MOME